存在の喜びをあなたに

宮村武夫著作
8

ヨハネに見る手紙牧会

その深さ、広さ、豊かさ

宮村武夫著作刊行委員会[編]

YOBEL,Inc.

存在の喜びをあなたに

宮村武夫著作

8

ヨハネに見る手紙牧会

その深さ、広さ、豊かさ

宮村武夫著作刊行委員会[編]

YOBEL,Inc.

「徹底した聖霊信仰」・「徹底した聖書信仰」の背景にある歩み

吉枝隆邦

宮村武夫君と僕は開成高校の同期生で60年近くの主にある友情を結んでいます。僕は数人の友達と一緒に学内で聖書研究会を組織していましたが、彼は高1で救われたのに僕らとは関係がありませんでした。教室で弁当を食べる前に感謝の祈りをしていると友達が「何をしているんだよ」と聞くので「神さまに食前の感謝をしてるんだよ」と言うと、「ケチくせえなあ。二組の宮村なんか大声でやってるぜ」と言われて、大声で感謝の祈りをするなんてどういう信仰の奴なんだろうと、不審に思ったのが最初のふれあいです。その時思ったとおり彼は教えられたことを人目をはばからずに実行する人でした。

高校3年の春に掲示板に海外の神癒《しんゆ》伝道者の記録映画を上映するポスターが張り出されていてびっくりしました。僕たち聖書研究会の存在を無視している、貼り出し責任者の宮村ってのを呼び出そう、ということになって彼と話し合った結果、彼も了解して今後は協力して学内の伝道をやっていこうということになりました。高3秋の文化祭では力を合わせて心に残るほどの証し伝道ができました。

僕は高校卒業と同時に日本クリスチャン・カレッヂに進学しましたが、宮村君は恩師万代恒雄先生が教団を離れて四国の松山で開拓伝道を始めたのを手伝うため3学期から行ってしまいました。卒業式に帰ってきてすぐに松山へとんぼ返り、夏に帰京してHi-B・Aキャンプのカンセラー奉仕を僕と一緒にやりました。翌年4月から彼は日本クリスチャン・カレッヂに入学してきました。実地に伝道してみて勉強が必要だとわかったからだそうです。

その時の卒業論文が『主よ、汝の十字架をわれ恥ずまじ』として著作集第6巻に載せられています。僕の卒業論文とは全く行き方の違ったものでした。

彼自身言っているように、「徹底した聖霊信仰」はその背景から形作られたものでしょうが、後の学びによって消え去りもせず、「徹底した聖書信仰」がそこに加わって無敵のものになるには日本クリスチャン・カレッヂ卒業後のアメリカ留学で、複数の神学校及び日本のカトリックの神学校での学びと研鑽が役に立っているのでしょう。

60年近い交わりを通して宮村武夫君の特長を書き留めると……

1　人との出会いをいつまでも大切にする人です。高3の時、聖書研究会の指導者とは別に、毎週賛美歌指導に来てくださった山田　亘《わたる》先生（西東京キリスト教会牧師）と今も交わりがあり教会の奉仕に招かれているのも一つの実例です。そればかりでなく一度会った方を忘れないで交わりを継続している例がたくさんあります。救いに導かれた母教会の現在の吉山　宏牧師（小岩栄光キリスト教会）も彼をこの教会出身の最初の牧師として紹介してくださり奉仕もさせてくださっています。

2　人の言い伝えに捕らわれずに意表をつくような名前の神学を発表する神学者です。いわく「台風の神学」、「なりゆきの神学」、「聖書で沖縄を、沖縄で聖書を」などありますが、さらに挙げたらきりがないほどです。You Tube で見聞きできる「童謡説教」は一度視聴してみてください。

3　絶えず前進していきながら前のものとは断絶しないし、むしろそれを土台としてふくらみを増して行く人です。聖書学校で教えていた時の教え子たちが著作集をと願ってこの著作集の出版を実現させたのも教え子に対する彼の変わらない関心と愛に対する応答と見るべきでしょう。彼が小学校4年生から高校時代まで過ごした、東京都江戸川区小岩に最近移住したのも同じ心です。

このような点を理解して著作集を読めば、取り上げられている主題がなぜそうなのかが、もっとよくわかるでしょう。多くの方に読んでもらいたいと願っています。

（日本同盟基督教団　赤羽聖書教会協力牧師、Hi-B・A責任役員）

二〇一五年四月

ヨハネに見る手紙牧会——その深さ、広さ、豊かさ

目次

ヨハネに見る手紙牧会——その深さ、広さ、豊かさ

【ヨハネの手紙　第二】

いのちのことば

――初めと現われ――（Ⅰヨハネ一章1～4節）

1初めからあったもの、私たちが聞いたもの、目で見たもの、じっと見、また手でさわったもの、すなわち、いのちのことばについて、2――このいのちが現われ、私たちはそれを見たので、そのあかしをし、あなたがたにこの永遠のいのちを伝えます。すなわち、御父とともにあって、私たちに現わされた永遠のいのちです。――3私たちの見たこと、聞いたことを、あなたがたにも伝えるのは、あなたがたも私たちと交わりを持つようになるためです。私たちの交わりとは、御父および御子イエス・キリストとの交わりです。4私たちがこれらのことを書き送るのは、私たちの喜びが全きものとなるためです。

［1］序

（1）今朝、この朝をいろいろな意味で受け止めることができます。まず今朝は、二千年アドベント第一主日、主イエスのご降誕を特別に記念する降誕節に向け一週、一週備えることができ幸いです。二〇世紀最後のアドベントを過ごしながら、この一か月二一世紀を迎える備えを。

また今朝から、Ｉヨハネの手紙を私たちは読み始めます。幾重にも重なる備えをなしながら、主イエスの再臨・新天新地（Ｉヨハネ二28、三2）に備えて行くのです。一二月五回の主日礼拝、以下のような予定で――。

一二月三日　Ｉヨハネの手紙一章１～４節『いのちのことば――初めと現われ――』

一〇日　Ｉヨハネの手紙一章５～７節『キリストから聞いて、あなたがたに伝える知らせ』

一七日　イザヤ五三章１～12節『主のしもべ』田頭真一先生宣教

二四日　Ｉヨハネの手紙一章８～10節『神は真実で正しい方』

三〇日　Ｉヨハネの手紙二章１～６節（１）『真の弁護者』

なお一二月三一日(日)二三時半から一月一日(月)〇時三〇分、越年礼拝・祈祷会を計画しています。

Ⅱペテロ三章８～13節『一日は千年、千年は一日のごとく』

私たちが、新しい世紀を迎える意味を、聖書が約束する永遠の希望の視点から味わい、私たちの日々の生活・生涯の意味、尊さを確認したいのです。お祈りください。また家族、友人、知人をお誘いください。

（２）今朝からＩヨハネの手紙を読み始めるにあたり、二、三確認を――

①第一のことは、手紙という点

私たちが読み続けて来た、コロサイ人への手紙やピレモンへの手紙の場合は、誰から、誰への手紙であるか、発信人と受信人が明らかであり、手紙の最後もそれにふさわしい言葉で結ばれていました。それに比較してヨハネの手紙の場合は異なります。しかし手紙と呼ばれている点を大切にし、はっきり名前は出てこないのですが、しかし書き手（私たちは、ヨハネの福音書の著者と同じく使徒ヨハネと見る）と最初に読んだ人々（「子どもたち」、二章1節など、「愛する者たち」、二章7節などが示す、親しい関係にあった特定の人々）の両方に注意を払い続けて行くことは、手紙をより深く、豊かに理解するための道を開いてくれます。

②手紙を書いた執筆事情、目的。

発信人、受信人が誰かと共に、どのような事情、どのような目的で書かれたかを注意し、手紙を読む努力も手紙理解のため大切な助けになります。私たちが、この手紙を少し注意して通読するなら、少なくとも以下のことが手紙の執筆事情として考えられます。

◎「反キリスト」(二18以下)、「にせ預言者」(四1)と呼ばれる人々がキリスト者・教会を揺さぶっている。彼らは、主イエスがからだ・肉体をもって来りたもうた事実（受肉）を否定する、グノーシス的仮現説の傾向を持つ人々と考えられる。

◎ヨハネは、主イエスの直弟子として、歴史的事実に、堅く立つ歴史意識をもって、主の御名を賛美いたします。イエスの受肉を強調。受肉に見る神の愛に答えて、キリストにしたがう生活。聖霊ご自身と主イエスの受肉の堅い結び付きを強調。

③大きな流れ　Ⅰヨハネの流れを大きくとらえるため、幾つもの試みがなされています。ここでは、私のゴードン神学院時代の恩師、今は主のみもとに召されている、G・バーカー先生のものを紹介いたします。

Ⅰ　序　一章1～4節
Ⅱ　光なる神との交わり（コイノニア）のための整え　一章5節～二章28節
Ⅲ　義なる神との交わり（コイノニア）のための整え　二章29節～四章6節
Ⅳ　愛なる神との交わり（コイノニア）のための整え　四章7節～五章12節
Ⅴ　結びに代えて　五章13～21節

［2］「いのちのことばについて」（1節）、主題の提示

(1)ヨハネは、「いのちのことばについて」（1節）と、手紙の主題を、最初にはっきり提示しています。この「いのちのことば」が、主イエスご自身を指すことは明白です。

参照：ヨハネ一1～18。

「これがキリストから聞いて、あなたがたに伝える知らせです」（5節後半）、ヨハネが伝える福音の内容、その中核が、「いのちのことば」なのです。パウロも全く同じことを宣言しています。

参照：Ⅱテモテ二8。

（2）主イエスご自身について

この序において、ヨハネは「いのちのことば」主イエスについて、大切な二つの点を明示しています。

①「初めからあったもの」

私たちは手紙の一章1節を読むと、ただちにヨハネ一章1～3節を思い出します。主イエスの降誕節以前について聖書が教えている、イエスの「先在」と呼ばれる事実は、主イエスがいかなるお方であるかを理解するための要です。ヨハネの福音書は、この事実を巡り、当時のユダヤ人がどのような態度をとったかを伝えています。たとえば八章48～59節。主イエスの宣言は、58節（「まことに、まことに、あなたがたに告げます。アブラハムが生まれる前から、わたしはいるのです。」）に見るように明らかです。ご自身が誕生以前から永遠に存在なさると明言していのるのです。これはまさに、自分を神と宣言することです。ユダヤ人は、主イエスが何を宣言しているかを正しく理解し、自らの先在を主張し、神とする主イエスの宣言は、神を冒瀆《ぼうとく》するものだと判断し、石を投げつけるのです（59節）。主イエスが自らを神とする宣言こそ、主イエスを十字架へと導いた直接の理由です。

②「このいのちの現われ」(2節)

ヨハネはこの表現を持って、主イエスの降誕節を証ししています。主イエスは罪を除いて、「すべての点」(ヘブル二17「主はすべての点で兄弟たちと同じようにならなければなりませんでした。」、四15「すべての点で、私たちと同じように、試みに会われたのです。」)で私たちと同じようになられたのです。この事実を、私たちと同じ肉体をとられた点を中心に、主イエスの「受肉」と呼びます。

ヨハネは、主イエスが本当に人となられた事実を、私たちがものを識別する方法を示すことばを重ねて、最高に強調しています(1節「聞いたもの、目で見たもの、じっと見、また手でさわったもの」)。

［3］「あなたがたも私たちと交わりを持つようになるため」(3節)

(1)執筆の目的明示

ヨハネは、自分がこの手紙を書く目的を、3節の前半、また4節で明示しています。私たちは、この目的に従い手紙を読むよう努めます。

（2）目的の中心は

1節前半と4節を「……なるためです」に注意し、もう一度読みます。

「私たちの交わり」とある目的の中心は、毎週公《おおやけ》に私たちが信仰告白する使徒信条で、「聖徒の交わり」と表現している事実です。この事実は、これまた毎週私たちの主日礼拝の最後、その頂点である祝祷で、「主イエス・キリストの恵み、神の愛、聖霊の交わりが、あなたがたすべてとともにありますように」（IIコリント一三13）と祈ることと、堅く結ばれています。

この交わりの大切な特徴の一つは、4節が明示するように、「喜び」です。聖徒の交わり、教会の交わりは、喜びの交わりです。キリスト者・教会をこの地上に生み出す福音宣教。そうです福音は、喜びのおとずれなのです。

［4］結び

（1）主イエス・キリストはどのようなお方か。「真の人になられた真の神」。教会の歴史を通じて二つの戦い。

①真の人になられた事実を軽視したり、否定したりする主張との戦い。

②真の神である事実を軽視したり、否定したりする主張との戦い。

「主イエスは、まったく私たちのようになられた、私たちが主イエスのようになるため」（昨日聞いた、プリンセル先生が送ってくれたテープ。その中で、J・M・ヴォイス牧師の宣教において）

（2）首里福音教会は、教会として、喜びの交わり、父、御子、御霊なる三位一体の神ご自身の愛の交わりに、招き召された共同体、この驚くべき恵みに導かれた、罪人たちの交わり。

（3）主イエスの受肉により

「すでに」・喜び、「いまだ」・慎み、「やがて必ず」・希望

（4）本来の喜びのコイノニアとして生きるように整えられて行く日々。そのとき、家族、友人、知人への伝道の道が開かれるのでは。そのための与えられている恵みの手段の一つ、日々の聖書の通読。Iヨハネを主日礼拝において通読して行くのと平行して、個人としても、たとえばヨハネの福音書か詩篇を通読し、礼拝のとき、主イエスの交わりをもって、一日の歩みを始める。

（二〇〇〇年一二月三日）

キリストから聞き、あなたがたに伝える知らせ（Ⅰヨハネ一章5〜7節）

5 神は光であって、神のうちには暗いところが少しもない。これが、私たちがキリストから聞いて、あなたがたに伝える知らせです。6 もし私たちが、神と交わりがあると言っていながら、しかもやみの中を歩んでいるなら、私たちは偽りを言っているのであって、真理を行なってはいません。7 しかし、もし神が光の中におられるように、私たちも光の中を歩んでいるなら、私たちは互いに交わりを保ち、御子イエスの血はすべての罪から私たちをきよめます。

［1］序

（1）今朝は、アドベントの第2週。水汲むしもべ（ヨハネ二9「水をくんだ召し使いたち」新共同訳）として役割を果たして行くために。

（2）今朝私たちが味わう箇所一章5〜7節は、5節前半（新改訳では、前半と後半の順序が原文の順序を反対に訳しています）と、5節後半～7節に二分し、その内容を確認できます。

まず5節前半を原文の雰囲気を伝えている、前田護郎訳を紹介します。「彼から聞いてお伝えするおとずれはこうです。」

著者が伝えている「知らせ」・おとずれ（Ⅰヨハネに明らかにされている）の起源は、主イエスご自身であり、決して著者（使徒たち）の考えや意見ではない。「知らせ」の権威をヨハネは明示しています。使徒たちは、あくまでも証人なのです。私たちが今朝味わう、この箇所で、ヨハネは「知らせ」の内容を、太い線でくっきり描き出しています。まず第一は生ける神がどのようなお方であるかについてです。

そして第二に、6、7節では「私たち」について、ヨハネは明らかにしています。この「私たち」は、元々はⅠヨハネを書いている著者についてですが、それが最初の読み手たちにとっても等しく経験すべき事実として伝えられています。そして今現に、この手紙を読み進めている首里福音教会の私たちにも開かれている恵みです。

［2］「**神は光であって、神のうちには暗いところが少しもない**」

（本来の5節後半、新改訳では前半）

（1）「神は光であって」

①「神は……である」と、生ける神がいかなるお方であるかを明らかにしています。ヨハネは、真の神がいかなる方であるかについて、さらに四章8節では、「神は愛だからです」、同16節では「神は愛です」と、有名なことばを記しています。唯一の、生ける、真の神がいかなるお方であるか、そのことを知ることなしに、人間・私について、その本来の姿、現実の有り様、救いの希望を知ることはできないのです。なぜなら、「神はこのように、人をご自身のかたちに創造された。神のかたちに彼を創造し、男と女に彼らを創造された」（創世記一27）のですから。そして、「わたしを見た者は、父（なる神）を見たのです」（ヨハネ一四9）と、主イエスは父なる神への道（ヨハネ一四6）を明らかに示されています。

②「神は光りである」との言葉を聞いて、ヨハネの福音書が伝える、主イエスご自身の自己紹介、自己についての宣言を私たちは思い起こします。「わたしは、世の光です。わたしに従う者は、決してやみの中を歩むことがなく、いのちの光りを持つのです」（八12、参照：九5）。

「わたしは、……である」（エゴー・エイミ）との表現を、特に注意したいのです。「わたし、このわたしが、主であって、わたしのほかに救い主はいない」（イザヤ書四三11）との実例に見るように、旧約聖書において、主なる神が、ご自身を明らかに啓示なさるとき、そこで用いられる自己宣言の形式です。

主イエスは、ご自身について特別な存在であるという明確な意識を持ち、この表現を用いて、この事実を宣言なさったのです。先週、主イエスの先在の関係で見た、ヨハネの福音書八章58節（「アブラハムが生まれる前から、わたしはいるのです」）が明示していた通りです。今朝は、さらにヨハネの福音書を一貫して、この事実が繰り返し（エゴー・エイミ　六35「わたしがいのちのパンです」、一〇7「わたしは羊の門です」、11「わたしは、良い牧者です」、一一25「わたしは、よみがえりです」、一四6「わたしが道であり、真理であり、いのちなのです」、一五1「わたしはまことのぶどうの木であり」）強調されている事実を、確認したいのです。

（２）「神のうちには暗いところが少しもない」

「神は光」との断言に続いて、ヨハネは逆のことを述べ、それを否定して二重の表現をもってメッセージの内容を強調しています。

神は光と言い切るだけでなく、「暗いところ」や「影」の事実をも無視しません。しかし、それらに圧倒されたり、虚無に引き込まれないのです。また、光と闇《やみ》を相対する二つの力・存在として並び立つもの（二元論）ともヨハネは見ていません。そうではなく、聖書全体を貫く宣言と一致して、光なるお方の圧倒的な統治を明示しています。

◎「地は形がなく、何もなかった。やみが大いなる水の上にあり、神の霊は水の上を動いていた」（創世記一2）――神の創造の御業において――。私たちは、この事実に立ち、すべてのものを見ることが許されています。ですから、神の創造なさった万物を見るとき、闇《やみ》や矛盾がすべてを抑え、すべに浸透しているかのように映っても、私たちは、あの賛美を歌い続けるのです。

「主よ、われらの神よ。あなたは、栄光と誉れと力を受けるにふさわしい方です、あなたは万物を創造し、あなたのみこころゆえに、万物は存在し、また創造されたのですから」（黙示録四11）。

◎「光はやみの中に輝いている。やみはこれに打ち勝たなかった」（ヨハネ一5）――主イエス・キリストにある救いの御業において――まさにクリスマスのメッセージです。どのような絶望的な状況の中でも、なお「世に勝つ者とはだれでしょう。イエスを神の御子と信じる者ではありませんか」（Ⅰヨハネ五5）と勝利の歌を聞き、与えられた場で、主にある営みを持続させて頂くのです。

［3］「私たち」、キリスト者・教会（6、7節）

（1）6節、あってはならない状態。

①ことばでは、神と交わりがあると言っているが、
実際の行動・生活では、「やみの中を歩んでいるなら」
←

②ことばでは、「偽りを言っている」
実際の行動・生活では、「真理を行っていません」。ヨハネの福音書において、真理、光、いのちが堅く結ばれています（参照：ヨハネ一四6「イエスは彼に言われた。『わたしは道であり、真理であり、いのちなの

です。わたしを通してでなければ、だれひとり父のみもとに来ることはありません。』」）。

（2）7節、あるべき姿、その根拠

①「神が光の中におられるように」（5節の「神は光」と同じ意味）

「私たちも光の中を歩んでいるなら」――日常生活の人間関係において（二8～11）――

↓

②「私たちは互いに交わり（コイノニア）を保ち」（目に見える兄弟同士、人間関係）

「御子イエスの血はすべての罪から私たちをきよめます」。

そうです主イエスの十字架、主イエスが流された血潮こそ、私のような罪人になお開かれている、救いの根拠です。「きよめます」と、現在形を用い強調されています。日々の生活・生涯を通し、持続されるきよめの力です。Iヨハネの次に、主日礼拝で味わいたいと願うヘブル人への手紙。

その著者が明快に描いている恵みです。（「まして、キリストが傷のないご自身を、とこしえの御霊によって神におささげになったその血は、どんなにか私たちの良心をきよめて死んだ行いから離れさせ、生ける神に仕える者とすることでしょう」九14）。

[4] 結び

「いのちの泉はあなたにあり、私たちは、あなたの光のうちに光を見るからです」（詩篇三六9）。ですから、私たちは確信するのです。

（1）天と地は神が創造し、本来、神の栄光を現すもの。決して物質そのものが汚れているのでも、意味のないものではない。

（2）主イエスは、罪を除いては、あらゆる面で私たちと同じ、まさに真の人となられた真の神。主イエスにおいて、主イエスを通して、真の神を知り、真の人間・私になる。

（3）私たちの体・肉体は、それ自体として、汚れているものではない。どうでもよいものではない。まさに主イエスは、この「からだ」をとられ、私たちが、このからだで・からだをもって日々の生活・生涯を通して、神の栄光を現す道を開いてくださった。

（二〇〇〇年一二月一〇日）

神は真実で正しい方（Ⅰヨハネ一章8〜10節）

8もし、罪はないと言うなら、私たちは自分を欺いており、真理は私たちのうちにありません。9もし、私たちが自分の罪を言い表わすなら、神は真実で正しい方ですから、その罪を赦し、すべての悪から私たちをきよめてくださいます。10もし、罪を犯してはいないと言うなら、私たちは神を偽り者とするのです。神のみことばは私たちのうちにありません。

［1］序

（1）備えてきました降誕節・クリスマスを、今このように一同で迎えることができ感謝です。礼拝後には、幸いなクリスマス祝会を予定しています。午後三時からは、オリブ園訪問。そしてクリスマス・キャロリングは、午後八時に教会から出発します。昨年同様、星の子キリスト福音教会と合同です。この一日、特別な意味で主イエスのご降誕を記念して行きます。その上に立ち、今日から始まるこの一週間、降誕節と一月一日との間の日々を、大切に一歩一歩を噛みしめ、主なる神の恵みに応答しつつ、日を重ねて行きたいのです。

（2）今朝は、一二月一〇日に味わいました一章5～7節に引き続く、同8～10節に意を注ぎます。一読してすぐ分かるように、8節と10節は、内容も表現も、深い関係があり、類似しています。ところが9節は、8、10節両方と鋭く対立し、この三節全体として、光の中を歩むキリスト者・教会の経験を明らかにしています。私たちは、8節と10節を一緒にその内容を注意し、それと対比で、9節を味わい、大切な一週間に備えます。Iヨハネの手紙と平行して、個人的にヨハネの福音書を読み進めたいと願っている方々は、ヨハネ九章の記事、特にその要約39～41節を参照（イエスは言われた。「わたしはさばきのためにこの世に来ました。それは、目の見えない者が見えるようになり、見える者が盲目となるためです。」パリサイ人の中でイエスとともにいた人々が、このことを聞いて、イエスに言った。「私たちも盲目なのですか。」イエスは彼らに言われた。「もしあなたがたが盲目であったなら、あなたがたに罪はなかったでしょう。しかし、あなたがたは今、『私たちは目が見える。』と言っています。あなたがたの罪は残るのです。」）。

［2］「罪はない」、「罪を犯していない」と言うなら（8、10節）

（1）「罪はないと言うなら」（9節）一章5～10節では、偽りの教師たちの主張を取り上げながら、ヨハネは反論しています。彼らは、「霊の人」と自称して、自分たちは物質の世界から絶縁した、全く霊の世界に生きており、汚れた物質により悪影響を受けることはないと空想し、「罪はない」、「罪を犯していない」と主張していたと考えられます。過去において罪を犯したことがなく、現在何らその影響を受けていないと言い張るのです。

（２）「私たちは自分を欺いていており」（８節）←

６節に見た、「私たちは偽りを言っている」と同じ意味の強い表現です。自分自身に責任があり、原因となって、あるべき本来の道・真理から迷い出ている状態です（参照：ヤコブ五19～20）。

（３）「真理は私たちのうちにありません」（８節）←

ここでの「真理」とは、人間の創造主なる神に創造された本来のあり方を指し示す全福音。６節では、その真理に基づく生き方の外側に見え認められる面について語り、それに対しここでは、人間の内部奥深くに及ぶ結果について言及しています。

（４）「神を偽り者とするのです」（10節）←

自分自身とのかかわりだけでなく、主なる神に対しても大きな冒瀆《ぼうとく》。

ここには一つの流れ、段階を見ます。6節では、自分自身について、「私たちは偽りを言っている」、続いて8節の、「私たちは自分を欺いている」、さらに一層強調して、自分自身だけでなく、主なる神ご自身に対しての冒瀆と鋭く指摘されています。

←

(5)「神のみことばは私たちのうちにありません」(10節)

神が語りかけ(呼びかけ)、人が応答する、神と人の本来の関係(呼応関係、契約関係)を、私たちはいつもしっかり意識する必要があります(創世記一、二章)。この本来の恵みの関係を拒絶して、神の御前から身を隠してしまっている姿(創世記三8〜13)。この御前に身を隠している者・罪人に対して、なおも語りかけられている神のことば・呼びかけを、自分は罪を犯していないと言い張ることにより拒絶し、主なる神の人間・私への恵みの取り扱いを否定してしまうのです。「神の御子を信じる者は、このあかしを自分の心の中に持っています。神を信じない者は、神を偽り者とするのです、神が御子についてあかしされたことを信じないからです。」(Ⅰヨハネ五10)。

[3] 9節

内容的には、7節と一致(「しかし、もし神が光りの中におられるように、私たちも光りの中に歩んでいるなら、私たちは互いに交わりを保ち、御子イエスの血はすべての罪から私たちをきよめます。」7節）。

（1）「自分の罪を言い表すなら」

聖霊ご自身の助けにより、個人的な罪を明確に告白。「私たちは互いに交わりを保ち」（7節）を参照。キリスト者・教会の経験の不可欠の特徴、罪の赦しを求めつつ、十字架の主イエスを信じ仰ぎ、告白。「御子を告白する者は、御父をも持っているのです」（二23）。「人となって来たイエス・キリストを告白する霊はみな、神からのものです。それによって神からの霊を知りなさい。」（四2）

「だれでも、イエスを神の御子を告白するなら、神はその人のうちにおられ、その人も神のうちにいます。」（四15）

（2）「神は真実で正しい方ですから」（9節）

今から、40年以上前、東京杉並の日本クリスチャン・カレッヂの教室で聞いた、S先生の言葉を、今もありありと覚えています。「信仰とは、神のご真実を仰ぎ望むこと」。このように罪の赦しときよめは、神ご自身の本質に深く関わります。

「真実」その意味は、

①まず、約束を守ること。

「約束された方は真実な方ですから、私たちは動揺しないで、しっかりと希望を告白しようではありませんか」（ヘブル一〇23）。またサラがイサク誕生ついて、「彼女は約束してくださった方は真実な方と考えたからです」（同一一11）。

②やり始めたことを完成する。

「……主イエスの来臨のとき、責められるところのないように、あなたがたの霊、たましい、からだが完全に守られますように。あなたがたを召された方は真実ですから、きっとそのことをしてくださいます」（Ⅰテサロニケ五23後半～24、参照：Ⅰコリント一9「神は真実であり……」）。

③信頼する者を守る。

「あなたがたの会った試練はみな人の知らないようなものではありません。神は真実な方ですから、あなたがたを耐えることのできないような試練に会わせるようなことはなさいません。むしろ、耐えることのできるように、試練とともに、脱出の道も備えてくださいます」（Ⅰコリント一〇13）。

（3）「その罪を赦し、すべての悪から私たちをきよめてくださいます」（9節）

①「その罪を赦し」

神のご聖定に基づき。負債を支払い、罪の奴隷としての立場から解き放ち、罪の結果、当然受けるべきさばきからも救い出してくださる。

②「すべての悪から私たちをきよめてくださいます」

主なる神ご自身の本質のひとつであるきよさ。主イエスにあって、そのきよさにあずからしてくださり、きよめてくださいます。自ら罪を犯していないと主張するなら、そのことにより、「罪を赦し、すべての悪から私たちをきよめてくださる」（９節）。神の真実、正しさを、拒絶することになるのです。

［４］結び

（１）キリスト者・教会の生活・生涯の基本は、７節に見る、光の中を歩み、主イエスにあって互いに交わりを持つことです。この交わりを支える恵みの事実は、御子イエスの血、すべての罪から私たちをきよめてくださる、罪の赦しです。私たちは自分の罪を言い表わし、神は、その罪を赦し、すべての悪から私たちをきよめてくださるのです。そうです。救いのみわざの根拠、それは主なる神の真実です。聖霊ご自身の導きにより、この源に根差し、「救い主」（ルカ二11）主イエスの御降誕の意味を味わい、喜びに満たされるのです。あの時も今も。

（二〇〇〇年一二月二四日）

この方こそ（Ⅰヨハネ二章1～6節）①

1私の子どもたち。私がこれらのことを書き送るのは、あなたがたが罪を犯さないようになるためです。もしだれかが罪を犯したなら、私たちには、御父の御前で弁護してくださる方があります。それは、義なるイエス・キリストです。2この方こそ、私たちの罪のための、――私たちの罪だけでなく全世界のための、――なだめの供え物なのです。3もし、私たちが神の命令を守るなら、それによって、私たちは神を知っていることがわかります。4神を知っていると言いながら、その命令を守らない者は、偽り者であり、真理はその人のうちにありません。5しかし、みことばを守っている者なら、その人のうちには、確かに神の愛が全うされているのです。それによって、私たちが神のうちにいることがわかります。6神のうちにとどまっていると言う者は、自分でもキリストが歩まれたように歩まなければなりません。

［1］序

（1）先週のクリスマス合同礼拝から一日一日、二五日（月）から三〇日（土）までを、私たちは、主に導かれつつ過ごし、ここに集っています。そして、一つの小さな群れとして、またそこでの掛け替えのない存在として生かされている「個人」として、私たちは越年礼拝・祈祷会、新しい年、新しい世紀、新しい千年期を迎えようとしているのです。しかしそれら一切は、真の新しさである新天新地（参照：Ｉヨハネ二28、三2）を指し示す役割を果たし終えるなら、それらもやがて古び、過ぎ去り行くものです。

（2）今朝、「私の時は、御手の中にあります」（詩篇三一15）と詩篇の記者と共に告白しつつ、Ｉヨハネ二章1〜6節に目を注ぎたいのです、1節の「御父のもとに弁護者、正しい方、イエス・キリスト」から、『真の弁護者』、来週・新年最初の主日礼拝で、『キリストが歩まれたように』との主題で、主イエスご自身と主イエスにある私たちの生活・生涯について思いを集中します。

［2］「あなたがたが罪を犯さないようになるためです。」（1節前半）

（1）「私の子どもたち。……これらのことを書き送るのは」

手紙の書き手であるヨハネは、この手紙を書き送る目的について、明らかな意識・意図をもって、書き進めています、その意識・意図を大切にし、注意しながら、私たちは手紙を味わう必要があります。

①「私の子どもたち」。親しい関係の中で用いられる、呼びかけの言葉、Iヨハネにおいて、二章12、28節、三章7、18節、四章4節、五章21節などで繰り返し用いています。

新約聖書の用例で注目したいのは、主イエスが弟子たちに最後に語られる場面、ヨハネ一三章33節（「子どもたちよ」）です。ヨハネは、自分自身に主イエスが呼びかけてくださった言葉で、今手紙の受取人たちに呼びかけます、その呼びかけに、率直で心のこもった言葉が続きます。

ここに見る呼びかけの言葉は、教会の一つの側面を明示しています。確かに、教会は、神の家族であり、神の子どもの集まりです、互いに兄弟姉妹の関係である事実は、どれほど強調しても、強調し過ぎることがない大切な事実です。しかしそれと同時に、長老・指導者は、若い兄弟たちに対して、いわば親代わりの役割を委ねられている面（Iペテロ五1～5）を、この呼びかけの言葉は、指し示していると取れます。

②「私の子どもたち。私がこれらのことを書き送るのは」一章1節に、「私たちが聞いたもの」とあるように、ヨハネは一人称複数を用い、使徒としての公的立場に立ち、手紙を書き送って来ました。ここでは、「わたし」と一人称単数を用い、より個人的に、肉声を思わせるような表現で、手紙の受取人たちに親しみをこめ、率直に語りかけています。何が語られているか、と同時に、どのような信頼に満ちた人間関係の中で、それが語られているかが大切（エペソ四12「聖徒たちを整えて奉仕の働きをさせ、キリストのからだを建て上げるため」）です。

（2）「あなたがたが罪を犯さないようになるためです。」

①一章8〜10節でヨハネが述べて来たことが誤解されることなく、正しく理解されるように、念を押しています、罪の赦しのために、罪を犯すことを深刻に考えなくなるようなことが万が一にも生じないように、ヨハネは十分注意しています（参照：ローマ五20〜六2）。

②一章7節「御子イエスの血によってあらゆる罪から清められます」。あらゆる罪から私たちを清めてくださる、この主イエスの血の力、主イエスの十字架の死の事実の重みを知るとき、罪赦された罪人としての一人一人は罪を憎み、罪を避けたいと切望する生き方へと導かれるのです、

[3]「もしだれかが罪を犯したなら、私たちには、御父の御前で弁護してくださる方があります」（1節後半）

（1）「もしだれかが罪を犯したなら」

ヨハネは、8〜10節の発言が誤解されないようにと十分配慮しているだけではありません。一章9節の中心メッセージを、自分たちの現実を踏まえて説明し、さらに神による罪の赦しの確かさを明示して行きます。

著者ヨハネを含めて、「私たちには」と表現して、弱さの故に罪を犯してしまう現実を直視しています、そうした「私たちには」なのです、

（2）「弁護者してくださる方」（paraklētos）

①元々は、法廷で執り成し、弁護してくれる弁護士を指します、

②この言葉の新約聖書における興味深い用例を、主イエスが十字架の直前に弟子たちに語った決別の言葉（ヨハネ一四～一六章）のうちに見ます、以下に見るように、この言葉で、主イエスは、聖霊ご自身の働きについての約束を繰り返し、その内容を明らかにしています。

「わたしは父にお願いします。そうすれば、父はもうひとりの助け主をあなたがたにお与えになります。その助け主がいつまでもあなたがたと、ともにおられるためにです。」（一四16）

「しかし、助け主、すなわち、父がわたしの名によってお遣わしになる聖霊は、あなたがたにすべてのことを教え、また、わたしがあなたがたに話したすべてのことを思い起こさせてくださいます。」（一四26）

「わたしが父のもとから遣わす助け主、すなわち父から出る真理の御霊が来るとき、その御霊がわたしについてあかしします。」（一五26）

「しかし、わたしは真実を言います。わたしが去って行くことは、あなたがたにとって益なのです。

それは、もしわたしが去って行かなければ、助け主があなたがたのところに来ないからです。しかし、もし行けば、わたしは助け主をあなたがたのところに遣わします。」（一六7）

③さらに注意したい聖書箇所があります、それは、パウロが、聖霊ご自身の執り成しを明言している大切な聖句、ローマ八章26～27節です。

「御霊も同じようにして、弱い私たちを助けてくださいます。私たちは、どのように祈ったらよいかわからないのですが、御霊ご自身が、言いようもない深いうめきによって、私たちのためにとりなしてくださいます。人間の心を探り窮める方は、御霊の思いが何かをよく知っておられます。なぜなら、御霊は、神のみこころに従って、聖徒のためにとりなしをしてくださるからです。」

そして、すぐ後と言ってよい、ローマ八章34節で、

「罪にさだめようとするのはだれですか。死んでくださった方、いや、よみがえられた方であるキリスト・イエスが、神の右の座につき、私たちのためにとりなしていてくださるのです。」

そうです。御霊の執り成し、主イエスの執り成しについて、パウロは全く同じ言葉をもって言い表しているのです。

（3）「御父の御前で」

私たちのために弁護し、執り成してくださる方は、御父の御子なる方です、御父の御前での、御子

の執り成しがいかなるものであるか、主イエスが教えられた意味の主の祈りではなく、主イエスご自身が祈られた意味での主の祈り（ヨハネ一七章に生き生きとした描写）を通し、私たちは垣間見るのです。御子イエスにあって、私たちも、神の子どもと見なされるのです。

この恵みの事実を、今週の聖句の味わいのときに見たように、ヘブル人への手紙の著者も、深く豊かに伝えています。「したがって、ご自分によって神に近づく人々を、完全に救うことがおできになります。キリストはいつも生きていて、彼らのために、とりなしをしておられるからです。」（七25、参照：同九24、Ⅰテモテ二5）

（4）「それは、義なるイエス・キリストです」

一章9節で、「神は真実で正しい方ですから」と宣言されている、父なる神のご真実を仰ぎ見ることこそ、私たちの信仰であると確認して来ました。ここでは、同じ恵みの事実が、主イエスご自身について告白されています。

①「イエス・キリスト」、「聖霊によりてやどり、処女マリヤより生まれ」と私たちが、今朝も、使徒信条で信仰の告白をした、受肉の主イエスです。全き人として歩み、十字架の死に至るまで徹底的に父なる神に従われた主イエス（ピリピ二8）、福音書が生き生きと描いている、この地上を全き人間として生き給うたお方。

②「義なる」弁護してくださるお方ご自身の本質です、義なるお方として、義なる神の御前に、不義なる私たちのために。

［4］結び

私たちの生涯の歩みのいかなる場面でも、主イエスは、真実な弁護者として、最も確かな場、父なる神の右の座にあって執り成し続けていてくださるとヨハネは確言しています、同じ恵みの事実を、今週の聖句を通しても、心に刻みました、

ですから、私たちは罪から離れるのです。そうです、キリストの恵み――私たちの救いのすべてがここにかかっている――に堅く立ち続けるのです。聖霊ご自身の執り成しに支えられながら、今週も新しい年も。

（二〇〇〇年一二月三一日主日礼拝）

キリストが歩まれたように（Ⅰヨハネ二章1〜6節）②

［1］序

（1）今朝は、新しい年二〇〇一年の最初の主日礼拝。Ⅰヨハネ二章1〜6節を、一二月三一日（日）の主日礼拝に続き、その二回目として味わって行きます。二〇〇一年を迎えても、それは昨年と切り離されたものではない。神の恵みの歴史の中で、今年の私たちの営みは昨年のそれと連続し、二〇世紀の歩みを継承している事実を確認したいのです。

（2）今朝は2節以下。まず2節を「この方こそ」と強調している言葉に注目し、1節の「御父の御前で弁護してくださる方があります。それは、義なるイエス・キリストです」と表現している場合と同様、主イエスご自身に目を注ぎたいのです。

次に3〜6節。その際、3〜5節の「みことばを守る」との中心点と6節の「キリストが歩まれたように歩」む生活・生涯の営みは切り離し得ない事実に留意したいのです。

［2］「この方こそ」（2節）

（1）「この方こそ、私たちの罪のための、……なだめの供え物なのです。」

①「この方こそ」との強調。他の誰でもなく、他のいかなる方法でもなく、ただ主イエスの、しかも主イエスの十字架によってのみと強調。ヨハネがここで書き表しているメッセージの内容は、一章7節後半、「御子イエスの血はすべての罪から私たちをきよめます」、また一章9節、「私たちが自分の罪を言い表わすなら、神は真実で正しい方ですから、その罪を赦し、すべての悪から私たちをきよめてくださいます」とすでに明言していることに外なりません。

福音は、単なる人の意見、教え、理論ではなく、「十字架につけられ、死にて葬られ、陰府《よみ》にくだり、三日目に死人の内よりよみがえり、天にのぼり」、御父の御前で弁護してくださる、義なる主イエス、このお方に直接かかわります。主イエス・キリストご自身に、私たちの信仰の視線をしっかり向け、そして向け続けるのです。

②「この方こそ、私たちの罪のための、……なだめの供え物なのです。」

（イ）「私たちの罪」。私たちの罪については、大切な二つの点が一章8節と10節で明らかにされてきました。

「罪はないと言うなら」(8節)、「罪を犯してはいないと言うなら」(10節)。この主張を、明確に否定しています。今私たちが見ている課題について、マタイ福音書九章10～13節の記事が、私たちの理解を助けてくれます。医者を必要としているのは丈夫な人でなく、病人。主イエスは正しい人ではなく、罪人を招くために来られたのです。

今日も持たれる聖餐式は、自らの罪を認め罪を告白し、主イエスの十字架の贖いを私のためのものとして認めバプテスマを受けた、罪赦された罪人の食卓です。Iヨハネ一章8節ではなく、9節の門をとおしての道です。

(ロ)「なだめの供え物」。ここと四章10節で繰り返し用いている大切な言葉(「私たちが神を愛したのではなく、神が私たちを愛し、私たちの罪のために、なだめの供え物としての御子を遣わされました。ここに愛があるのです」)。主イエスにある救いは、信じて受ける私たちには、全く恵みの賜物です。しかし、それが無代価なものではない。安っぽい救いではない。安易な道ではないのです(参照:Iコリント六20「あなたがたは、代価を払って買い取られたのです。ですから自分のからだをもって、神の栄光を現わしなさい。」)。

参照:ヘブル二17(「神のことについて、あわれみ深い、忠実な大祭司となるため、主はすべての点で兄弟たちと同じようにならなければなりませんでした。それは民の罪のために、なだめがなされるためなのです」)。この点について も、Iヨハネの後、主日礼拝で味わいたいヘブル人への手紙において、旧約聖書との関係に基づき深く、豊かに教えられるようお祈りください。

(2)「私たちの罪だけでなく全世界の罪」

①「私たちの罪」、自分自身の罪をはっきり自覚することが土台。しかしそこにのみ止まり、内向的のみになるのではなく。

②「全世界の罪」

私たちだけでなく、「全世界へ」、視野の広がり。

世界宣教（参照：Ⅰテモテ三16「確かに偉大なのはこの敬虔の奥義です。『キリストは肉において現われ、霊において義と宣言され、御使いたちに見られ、諸国民の間に宣べ伝えられ、世界中で信じられ、栄光のうちに上げられた』」）。

一月二一日の主日礼拝では、日本ウィクリフ聖書翻訳協会（Wycliffe Bible Translators Japan）の田内宣教師ご夫妻が宣教を担当してくださいます。

[3]「キリストが歩まれたように」（3～6節）

(1)「神の命令を守る」（3～4節）

①「神を知る」ことと「神の命令（神の命令：新共同訳）を守る」こと。

(イ)「わたしたちは神を知っている」

私たちは、この手紙を読み進めて行く際、意を注ぐすべきことの一つとして、発信人ヨハネが、ある人々（二26「あなたがたを惑わそうとする人たち」と指摘）を相手として、彼らの主張や用語を取り上げ、彼らの実態と対比させ、鋭く切り込み、彼らを論破している点を注意しました（一6、8、10）。この箇所でも、「神を知っている」（4節）と誇りながら、その実、神の命令を守らず、意に介さない人々。彼らは、「偽り者であり、真理はその人のうちにありません」（4節）と。口先ではなく、内実が問題だとヨハネは断言しています。

(ロ)「わたしたちが神の命令を守る」

では、本当に「神を知っている」と判断することのできる判断基準は、何なのでしょうか。それは、「神の命令を守る」ことだとヨハネは指摘します。神を本当に知っている者は、その当然の特徴の一つとして、神のご意志に喜んで従い、「服従」の道を歩むのです。日々の実生活・全生涯において、神の命令・御旨に従うのです。光りの中を歩み（一7）、自らの罪を告白し、罪赦された者として（一9）。

②「みことばを守っている者なら」（5節）

(イ)「みことばを守っている者なら」

3節では、「神の命令」とありましたが、ここでは、より広い意味を持つ「みことば（神の言葉：新共同訳）」を用いています。二章14節では、「神のみことば」とあります。主なる神のご意志の現れ、啓示の全体。

私たちにとって、旧新約聖書全体と言ってよいでしょう。

神の命令を守り、御言葉に服従する。それは神を愛することだとヨハネは明示します。神のみことばに対する態度は、神ご自身に対する態度・神への愛と堅く結ばれている。これは聖書に一貫している原則です（参照：申命記一〇12～13、ヨハネ一四21～24。言葉と人格）。

（ロ）「その人のうちには、確かに神の愛が全うされている（まことにその人の内には神の愛が実現しています。：新共同訳）」

「全うされている」との表現は、ヘブル人への手紙（二10「全うされた（完全な者とされた：新共同訳）」、九9「完全にする」など）とヨハネ文書に特徴ある仕方で用いられており、多くの場合、受身形となっている点、注目に値します。人間が自分の努力や踏ん張りで何とか全うするのではなく、神の恵みに支えられ、聖霊ご自身の豊かで、行き届いた助けによって実現させて頂くのです。この「全うされる」とは、生涯の終わりまでの継続的な成熟へ向けての成長を意味し、常に生き生きとした進展を含みます。

（ハ）「それによって、私たちが神のうちにいることがわかります。」

ヨハネが、この手紙を書く目的を明らかにしている中で（一3）、「御父および御子イエス・キリストとの交わり」と言い表していることです。

5節後半は、6節と内的に深く係わります。

（２）「キリストが歩まれたように」（６節）

①「キリストが歩まれたように」

ヨハネは、「人となって来たイエス・キリストを告白する霊はみな、神からのものです」（四２「イエス・キリストが肉となって来られたということを公に言い表す霊は、すべて神から出たものです」新共同訳）と、主イエスの受肉がいかに大切であるかを明言しています。全き人となられた、全き神・主イエスが、どのように地上で歩まれたか、何をなし、何を語られたかを伝えてくれている、四つの福音書。福音書を与えられている、この恵み。どのように主イエスが歩まれたか、福音書を読み続けたいのです。福音書が証しする、人となり地上を歩まれた主イエスに目を向け、心を向け続けたいのです。

②「自分でも……歩まなければなりません」

福音書が証しする主イエスに私たちが目を向け心を向けるとき、私たちの一日は、新しい意味を持つものとなります。「だれでもわたしについて来たいと思うなら、自分を捨て、自分の十字架を負い、そしてわたしについて来なさい」（マルコ八34）との呼びかけを主イエスから受けるのですから。私たちの今日一日は、漠然としてものではない。私たちの持ち場、立場で主イエスから委ねられた十字架を負い、主イエスに従う一日なのです。そうして私たちも祈りたいのです。

「どうぞ、この十字架を、私がただ忍んで行くというのでなく、愛して行く者でありますように、私が今日まで、こうして歩んで来ることができたのは、この十字架あってのことだと覚えて、それをいつくしむ者でありますように、私がこの十字架を運んだのでなく、実はこの十字架が私を運んで来てくれたのだと、感謝する者でありますように」（F・B・マイアー原書、小畑進編著、『きょうの祈り』、一月七日の祈り）。

［4］結び

今週の聖句を通し学んだ、二本の十字架、十字架の二重の意味を↓主イエスのみが担う十字架、私たちにも委ねられたコイノニアの十字架。

（二〇〇一年一月七日主日礼拝）

古い命令を、新しい命令として（Ⅰヨハネ二章7～11節）①

7愛する者たち。私はあなたがたに新しい命令を書いているのではありません。むしろ、これはあなたがたが初めから持っていた古い命令です。その古い命令とは、あなたがたがすでに聞いている、みことばのことです。8しかし、私は新しい命令としてあなたがたに書き送ります。これはキリストにおいて真理であり、あなたがたにとっても真理です。なぜなら、やみが消え去り、まことの光がすでに輝いているからです。9光の中にいると言いながら、兄弟を憎んでいる者は、今もなお、やみの中にいるのです。10兄弟を愛する者は、光の中にとどまり、つまずくことがありません。11兄弟を憎む者は、やみの中におり、やみの中を歩んでいるのであって、自分がどこへ行くのか知らないのです。やみが彼の目を見えなくしたからです。

［1］序

（1）今朝は、会衆聖歌隊の練習を予定しています。六月にゾーソー先生ご夫妻がアメリカに帰国なさって以来､導いてくださる方が備えられるように祈って来ました。感謝なことに､昨年十一月から、I姉が、指導してくださることになりました。また役員会のためにも、群れ全体で執り成し祈り続けて行きましょう。役員各自が、家庭や職場での責任と並行して委ねられている、役員としての責任を担い進む中で、マタイ一一章28～30節の御言葉が豊かに私たちの現実となって行きますように。

(2) 今朝は、Iヨハネ二章7～11節の1回目です。二章3～6節は、「神の命令」について、一般的また全体的に取り上げ、基本線をはっきり示していました。7節以下の箇所は、神の命令の中の一つ、兄弟愛に焦点を絞り、より詳しく説き明かしています。今朝は、二章7～8節、一月二八日には、9～11節を味わい、ヨハネの手紙の主題の一つ、兄弟愛についての教えに、私たちの間で益々その結実を願いつつ、聴従したいのです。

[2] 「古い命令」(7節)

(1) 「私はあなたがたに新しい命令を書いているのではありません」

①「新しい命令」との表現も､「惑わそうとする人たち」(二26)を意識したものと思われます。ヨハネは、何もこと新しい教えを与えようとしているのではない。新しい教えだと自称し、宣伝している「惑わ

そうとする人たち」（二26）とは違うのです。

②「その古い命令とは、あなたがたがすでに聞いている、みことばのことです」

手紙の受信人たちが、キリスト信仰へ導かれたはじめから。「初めから」との表現は、この手紙において二通りで用いられたいます。一つは、絶対的な「初め」の意味で、「初めから存在なさる方」（二13〜14）。もう一つは、他と比べて、相対的《そうたいてき》な「初め」の意味です（二24、三11）。

◎「古い」という言葉が持つイメージ・印象

私たちの身近でも、「古い」ものには、二つの場合があります、一つは古くなり、過ぎ去り、消え失せて行くもの。しかしもう一つは、古く、不変なものという場合です、後者の場合は、古いことは決して、劣っているとか、時代遅れだとか、価値の低いもの、まして価値のないもの（マイナス・イメージ）などではないのです、骨董品《こっとうひん》などや伝統《でんとう》の場合のように、私たちの現在の生活で、ともすれば陥りやすい傾向として、古いものはだめだとする価値観から解き放たれる必要があります。

（2）「あなたがたがすでに聞いている、みことばのことです」

一章3節で、「私たちの見たこと、聞いたことを、あなたがたにも伝える」、また一章5節で、「私たちがキリストから聞いて、あなたがたに伝える知らせ」と言われていることです。

この点について、ヨハネの福音書二〇章30〜31節を、29節までの記事との関係を大切にしながら、注意したいのです。主イエスが話されたり、行われたりしたことを記録した、ヨハネの福音書、それは、これを読む人々が、主イエスを「私の主、私の神」と信じて、「イエスの御名によっていのちを得るため」(31節)に書かれたのです。この福音書を読み、信じた人々には、主イエスを見て信じたトマスと比較して、「見ずに(語られたり、書かれたりした、福音のことば・みことばを通して)信じる者は幸いです」(29節)と、祝福の言葉が与えられています。ヨハネの手紙を受け取っている人々は、まさにそうした人々です。(Iペトロ一8参照。「あなたがたはイエス・キリストを見たことはないけれども愛しており、いま見てはいないけれども信じており、ことばに尽くすことのできない、栄えに満ちた喜びにおどっています。」)そして私たちも。

[3]「新しい命令として」(8節)

(1)「しかし、私は新しい命令としてあなたがたに書き送ります。」

しかし兄弟愛は、主イエスにより命じられた、「古い命令」であるばかりではないのです。かつて主イエスが教えられ、実践なされたように、今、ここで現実となるべき命令、日々に新しく実現されるべき命令なのです。

（2）「そのことは、イエスにとってもあなたがたにとっても真実です。」

①「これはキリストにおいて真理」、兄弟愛の戒め、その源泉は、主イエスの教えと実践です、主イエスは、地上での生活・生涯を通して、文字通り、身をもって、兄弟愛がいかなるものであるかを示し続けなさったのです。その最も代表的な実例が、弟子の足を洗われた洗足の場合。参照：ヨハネ一三章1～3節と4～20節の深い関係。

②「これはあなたがたにとっても真理」

真理、真実、事実の関係。福音の真理は、信じる者たちの日常生活また全生涯において、事実として結実していくものです、福音の真理は、その源である、主イエスの言葉の真実、そのなされた事実・行為・御業に基盤を置くものなのですから、主イエスにあっては、そうです、福音においては、事実と真理は分離しないのです、

③「やみが消え去り、まことの光がすでに輝いているからです」

どのように小さい群れであっても、キリスト者・教会が、新しく、今、ここで、主イエスの兄弟愛の命令に従っているとき、それは、神の国の現在性を証していることに外ならないのです、主イエスにあって、既に現実となっている神の国・神の統治（ローマ一三1～2参照。「人はみな、上に立つ権威に従うべきです。神によらない権威はなく、存在している権威はすべて、神によって立てられたものです。したがって、権威に逆らっている人は、神の定めにそむいているのです。そむいた人は自分の身にさばきを招きます」）。この「すで

に」という側面は、「いまだ・やがて必ず」（主イエスの再臨、新天新地）との側面と共に、神の国の福音の大切な特徴です。

［4］結び

（1）Ⅰヨハネを読み進める日々、特に首里福音教会が兄弟愛に満たされた群れとして生かされ続けるように、自分自身、役員会、群れ全体のために祈りたいのです、

（2）「古い」と「新しい」

①「古い」と「新しい」との関係を一般的に理解する上で、私たちに最も身近な「旧（古い）約聖書」と「新約聖書」の関係がとても役立つ手引きをしてくれます、旧約聖書と新約聖書両方で、一貫して全体として聖書です、旧（古い）と新が矛盾したり、対立することはないのです、新が旧（古い）より優れているとか、旧の方が新より勝っているとか、簡単に断定できないのです。すべきではないのです。

②しかしもう一面があります。旧約に対して新約なのです。では一体何が新約聖書の「新しさ」なのでしょうか。それは、旧約聖書に対して、約束とその成就、種と一メートルの木との関係のように、

一貫しており、同質でありながら、進展している点にあります。時間の経過、歴史の流れの中で停滞《ていたい》していないのです。まして退歩などしておらず、常に成長し続けるのです。

新しさ・進展とは、具体的には、主イエスご自身の受肉、生涯、十字架、復活、召天によるのであり、また聖霊ご自身の降臨により約束されていたメシアの時代・新しい時代は、すでに到来しているのです。そして、すでに現実となった「新しさ」は、「いまだ」現実となっていないが、「やがて必ず」現実となる、主イエスの再臨、私たちのからだのよみがえり、新天新地を明確に指し示し続けるのです。

ヨハネの手紙を受け取った人々は、パウロがコリント教会に書き送っているように、この希望に生かされて、日々新しくされて行くのです（参照：IIコリント四16〜18を熟読）。

「ですから、私たちは勇気を失いません。たとい私たちの外なる人は衰えても、内なる人は日々新たにされています。今の時の軽い患難は、私たちのうちに働いて、測り知れない、重い永遠の栄光をもたらすからです。私たちは、見えるものにではなく、見えないものにこそ目を留めます。見えるものは一時的であり、見えないものはいつまでも続くからです。」

（3）私たちが、真に「古き」ものを大切にし、「新しき」ことを何時も体現するため、今週の聖句が明示する主イエスご自身に、信仰の目を注ぎ、心から仰ぎ望みたいのです、

（二〇〇一年一月一四日主日礼拝）

兄弟を（Ⅰヨハネ二章7〜11節）②

［1］序

（1）今朝は、一月の第4主日、一月最後の主日礼拝です。新しい年の最初の月の歩みをを回顧し、目前の二月に備える日々の営みをなそうとしています。迎えようとしている二月、私たち・首里福音教会では、十一日（日）と二四日（土）に。特別な行事を予定しています。

まず十一日（日）は、沖縄地区の講壇交換。当教会では、星の子キリスト福音教会リーズナー先生が宣教を担当してくださいます。牧師は石川福音教会で宣教。午後五時からは、日本福音キリスト教会連合沖縄地区総会を、当教会で開きます。沖縄地区の姉妹教会がそれぞれ自立した歩みを進め、同時に主にある一致を深め続ける道、この道を新しい年度も前進するため、大切な集まりです。

また二月二四日（土）には、久しぶりに、首里福音学生センター講演会を計画しています。今回の講師は、琉大医学部のT姉です。Tご夫妻は、昨年春以来、私たちの主日礼拝を中心とした礼拝の生活に加わってくださり、主にある幸いな交わりを与えられています。今回の演題は、「医者にかかる10か条 ── あなたがいのちの主人公・からだの責任者 ──」とても興味深く、私たちに根本的また実際的に役立つものです、祈りつつ、家族、友人、知人にご案内し、お招きください。

（2）今朝は、一月一四日（日）に引き続き、二章7～11節の二回目です。十四日（日）には、7～11節までの箇所のうち、7節と8節を中心に、「古い命令を新しい命令として」との主題で味わい、キリストの福音が明確な歴史的事実に根差し、年月を越えた豊かな伝統を持つものであること、同時に、日々新しい意味をもって私たちに迫ってくる現実であると確認しました。

今朝は、9～11節に焦点を合わせます。この3節では、「兄弟を憎んでいる者」（9節）、「兄弟を愛する者」（10節）、「兄弟を憎む者」（11節）と、「兄弟」を繰り返し強調しています。そして、9節、11節と10節に、全く異なる兄弟に対する態度を、ヨハネは鋭い対比で提示しています。まず9、11節に見る「兄弟を憎む者」を取り上げ、Ⅰヨハネの主題の一つ・兄弟愛について、消極的側面から、次に10節の「兄弟を愛する者」に注意し、積極的な面に傾聴して行きます。

（参照：一章8～10節に見る罪と罪の告白）

［2］「兄弟を憎む者」（9、11節）

（1）9節、「光の中にいると言いながら、兄弟を憎んでいる者は、今もなお、やみの中にいるのです。」

①「光の中にいると言いながら」。この表現も、すでに何回か見て来ました（参照：一6）通り、「惑わそうとする人たち」（二26）の高慢な自己主張からヨハネは取り上げていると考えられます。彼らは、自分たちは「光の中にいる」と主張し、教会の一般の人々を見下げているが、その実、「兄弟を憎んでいる者」だとヨハネは実態を明らかにします。

②「兄弟を憎んでいる者」。ここで「兄弟」と呼ばれているのは、直接的には、主イエスを信じ告白しているキリスト者を指していると取るのが自然です。しかし同時に、聖書全体を通して、「隣人」である、人間一般を指している点も注目すべきです。その人が、主イエスを信じ告白しているかいないかにかかわらず、共に生きることを許され、命じられている人々のことを指す広い意味で取ることもでき、そうすべきです。

ここでの「憎む」とは、単に相手に悪感情を持つとの狭い意味ではなく、相手の立場に立たず全く同情しない様を指す、広い意味で。

自分自身について自らの主張と現実の間に横たわるギャップをヨハネは鋭く指摘し、兄弟を見下げ、無視し、相手の立場に立とうとせず、全く同情しない現実は、「今もなお、やみの中にいる」事実を実証していると断定するのです。。

(2) 11節、「兄弟を憎む者は、やみの中におり、やみの中を歩んでいるのであって、自分がどこへ行くのか知らないのです。やみが彼の目を見えなくしたからです」。

前半は、「兄弟を憎む者は、やみの中におり、やみの中を歩んでいる」と、9節を繰り返し、ヨハネは「惑わそうとする人たち」(二26)・論敵に対する批判を一段と鋭く強調しいます。

後半では、「兄弟を憎む者」の実態をヨハネは示し、彼らが現に「やみの中におり、やみの中を歩んでいる」だけでなく、将来についても進むべき方向を見失い、「自分がどこへ行くのか知らない」と指摘します。なぜそんなことになったのか。その理由を、「やみが彼の目を見えなくしたからです」と、明示します。

この「やみ」の力が私たちの間で実際に影響を及ぼす窓口・糸口、それは、高ぶり・思い上がりであると言ってよいでしょう。つまり、自分の本当の姿を認めようとしないのです。この点に問題が潜んでいることを、ヨハネの福音書九章の記事が教えてくれます。特に、41節に見る主イエスのことばが問題点をはっきり指摘しています。

「イエスは言われた。『見えなかったのであれば、罪はなかったであろう。しかし、今、『見える』とあなたがたは言っている。だから、あなたがたの罪は残る。」(新共同訳)。

兄弟を憎むことから解き放たれる道、それは、まず自ら兄弟を愛し得ない自分の姿を率直に認めることです。誰よりも自分がそうである事実を認めることから、道は開かれると教えています（参照：一章8～10節に見る罪と罪の告白）。

［3］「兄弟を愛する者」（10節）

「兄弟を愛する者」。ヨハネは、「兄弟を憎む者」について描くだけではなく、10節では、「兄弟を愛する者は、光の中にとどまり、つまずくことがありません」と、実に積極的な表現で語ります。「兄弟を愛する者」、この兄弟愛は、ヨハネの手紙第一を貫く主題の一つです。三章10節以下、23節。四章7節、11～12節、20～21節などに終始一貫して、その重要性を強調しています。そのうちの一つ、四章11～12節をお読みします。

「愛する者たち。神がこれほどまでに私たちを愛してくださったのなら、私たちもまた互いに愛し合うべきです。いまだかつて、だれも神を見た者はありません。もし私たちが互いに愛し合うなら、神は私たちのうちにおられ、神の愛が私たちのうちに全うされるのです。」

今、私たちはⅠヨハネを、主日礼拝ごとに読み進めています。その目標の一つは、兄弟愛を私たちの心や生活に、そして生涯に刻みつけて頂く、この一事のためです。

私のような者が、なおも生きることを許されている。私のような者が、なおも他の人々に必要とされていると、主イエスにあって自分自身を認め、真に生かされる。本当の意味で自覚を持つ。同時に、私の目の前にいるこの人は、父なる神によって生かされている尊い存在。主イエスにあって、私の兄弟姉妹であり、隣人であることを認め続けて行く。この人の存在が、私にとってなくてならないことを悟らされて行く。兄弟愛の課題は、主イエスにある――自分自身について、また他の人々について、その尊さを悟ることではないでしょうか。

主なる神を礼拝しつつ生かされる、礼拝の生活において、私たちは、他の人々にも出会うのです。他の人々と出会い、自分が生かされている恵みの事実に驚きつつ、主なる神を礼拝するのです。現在、Iヨハネを読み進める過程《かてい》で、この恵みの事実をしっかりと受け止めさせて頂きましょう。

［4］結び

兄弟愛が、私たちの間で現実になって行くため、ヨハネが指摘している要《かなめ》を、心に刻みつける必要があります。その要は、キリストとキリスト者の堅い結び付きです。二章6節で確認し、二章8節で、「これはキリストにおいて真理であり、あなたがたにとっても真理です」と教えられた恵みの事実です。福音書が描く主イエスご自身の中に、徹底した他者への愛を私たちははっきり見ます。同時に、主イエスの弟子たちの姿も見ます。それは互いに愛し合えないでいる姿です。この現実の中で、私たちは、今朝、Ⅰヨハネの最初の読者と共に、「これは（兄弟愛も）キリストにおいて真理であり、あなたがたにとっても真理です」（二8）と、力強い約束を与えられます。キリスト者・教会は自らの力ではなく、主イエスに結びつくことにより、兄弟を愛する者へと変えられて行きます。この約束に立ち、二月の歩みを備えて行きましょう。

最後に、Ⅰコリント一三章を三つの方法で読む、今は天に召された、先輩牧師夫人の実例をご紹介します。

まずⅠコリント一三章を普通に読む。

二回目は、「愛」の代わりに、自分の名前を入れて読む。その時、自分の実態がいかに主なる神の求め給う姿からずれているかが明白になる。

三度目は、「愛」の代わりに、主イエスのお名前を入れて読む。すると、この「愛」がただ頭だけのことではなく、主イエスにあって、まさに現実になったもの。主イエスにあって、私たちにも現実にされたもの。主イエスにあってだけ、現実とされた恵みであることを本当にしみじみ悟るとのこと。

私たちはどうでしょうか。

（二〇〇一年一月二八日主日礼拝）

三つの恵みを受け、神のみこころを行なう者は（Ⅰヨハネ二章12～17節）

[12] 子どもたちよ。私があなたがたに書き送るのは、主の御名によって、あなたがたの罪が赦されたから
です。[13] 父たちよ。私があなたがたに書き送るのは、あなたがたが、初めからおられる方を、知ったから
です。若い者たちよ。私があなたがたに書き送るのは、あなたがたが悪い者に打ち勝ったからです。[14] 小
さい者たちよ。私があなたがたに書いて来たのは、あなたがたが御父を知ったからです。父たちよ。私が
あなたがたに書いて来たのは、あなたがたが、初めからおられる方を、知ったからです。若い者たちよ。
私があなたがたに書いて来たのは、あなたがたが強い者であり、神のみことばが、あなたがたのうちにと
どまり、そして、あなたがたが悪い者に打ち勝ったからです。[15] 世をも、世にあるものをも、愛してはな
りません。もしだれでも世を愛しているなら、その人のうちに御父を愛する愛はありません。[16] すべての
世にあるもの、すなわち、肉の欲、目の欲、暮らし向きの自慢などは、御父から出たものではなく、この
世から出たものだからです。[17] 世と世の欲は滅び去ります。しかし、神のみこころを行なう者は、いつま
でもながらえます。

［1］序

(1) 今朝は、二月の主日礼拝。短さで特別な月も、以下のような四回の主日礼拝を中心に、一日一日を大切に営みを進めましょう。

二月　四日　Ⅰヨハネ一章12～17節『三つの恵みを受け、神のみこころを行なう者は』

十一日　地区講壇交換、詩篇二五篇1～5節『神を待ち望む者』リーズナー先生。

十八日　Ⅰヨハネ二章18～19節『反キリスト ――今は、今や、今が ――』

二五日　Ⅰヨハネ二章20～29節①『聖なる方からの注ぎの油』

(2) 今朝は、少し長い部分、12～14節と15～17節に分けて。12～14節で、以下のような呼びかけで始まる三つの文章をヨハネは二回繰り返し強調しています。

A　①「子たちよ」(12節)　B　①「子供たちよ」(14節)

②「父たちよ」(13節)　②「父たちよ」(14節)

③「若者たちよ」(13節)　③「若い者たちよ」(14節)

そして15～17節前半と17節後半は鋭い対比です。

［2］三つの恵み（12～14節）

（1）「イエスの名によって　あなたがたの罪が赦されているからである。」（12節）

①「子どもたちよ」（12節）「小さい者たちよ」「若い者たちよ」（14節）

このヨハネの手紙を最初に読んだ人々一般。

②「あなたがたの罪が赦されているからである」（12節）

すでに過去の出来事である罪の赦しが、現在まで生き生きと影響を与え、その実を結んでいる実態を明示、これから努力を重ねどうにかして罪の赦しを獲得するという話とは全く違うのです、罪が赦されたと受け身形で描いている事実を注意。自分勝手な思い込みではない、一章9節で宣言する、主イエス・キリストの十字架の事実の故に現実となる恵みです。この罪の赦しこそ、福音の中心（ルカ二四47）、使徒による宣教の中核（使徒一三38）、奇跡の中の奇跡で、主なる神のみがなし得る恵みの御業です（マルコ二5、9、参照：創世記五〇15以下）。

③「イエスの名によって」（12節）

主イエスの御名。主イエスの贖罪の御業の故に。

徹頭徹尾、神中心であり、神から人への恵みの中心（参照：五13）。

またマタイ二八章19節に見る、主イエスの権威が、今、ここで、この身に印されることを指し示すバプテスマ、また主イエスの御名による祈り。

なお14節の前半では、手紙の受け取り一般を、「子どもたちよ」と呼び掛け、キリスト者の誰にとっても、基盤であり、出発点として大切なこととして、12節に見る罪の赦しと共に、「御父を知る」（14節）ことを挙げています。

(2)「父たちよ、……初めから存在なさる方を　知っているからである。」（13節）

①「父たちよ」（13節）

生涯の歩み、経験を通し円熟した年長のキリスト者、知識と知恵に富む者、手紙の受け取り人一般に対して言われている、罪の赦しと御父を知ることを免除されているだけでなく、それに加えて、「特に」。誰でも等しくとの面と、年齢や性別などの特徴に応じる両面を大切に。

◎一般と特に、キリスト者となっても、一人の人間として生きる使命を果たさなくも良いのではない。一人の人間として、主なる神が人間を創造なさった目的に従い、最も人間らしい人間として生きる。同様に、教会役員や牧師も、一キリスト者であることをやめて、教会役員や牧師になるのではない。一キリスト者として、最も人間らしい人間、最もキリスト者らしいキリスト者と生きる特権と使命。

②「知ったから（知っているからである：新共同訳）」

知る・知の二つの側面、その区別。一方では、普通の意味での理論的な捉え方、他方は、アダムがエバを知る場合のように、人格的な結合関係を含む深く、豊かな関係。それは、キリスト教について知識を持つことと主イエスに従い生きるのことの関係。この点ついて、ある方は、「コトコト」信仰と「カタカタ」信仰との違いと巧みに説明しています。

③「初めからおられる方を（初めから存在なさる方を：新共同訳）」（13節）

「初め」、一章1節の「初めから」との関連で見た（二7、13、14、24、三8、11、IIヨハネ5、6節を参照）。さらにヨハネ一章1～18節、特に1～5節。創世記一章1節に見るように、「初め」、また「終わり」（黙示録一8、二一6、二二13）、つまり時間を創造し、これに超越する方。

自然（非人格的存在）を神とする考え・宗教は、結局、人間の人格、人間の個性、責任をしっかりと認めることが困難。

→

←

「おられる方」。父、御子、御霊なる、永遠の愛のコイノニアである、三位一体なるお方、深く豊かな広がりを持つ計画を実行なさる方。このお方を、主イエスにあって（ヨハネ一四7）、また聖霊の導きにより（ローマ八15、ガラテヤ四6）、「アバ・父なる神よ」と呼ぶ、最も深い愛のコイノニア・交わりに導かれ、真の人格、本当の人間・私に。
（3）「若い者たちよ。……悪い者に打ち勝ったから」（13節後半）
14節後半でさらに詳しく、いかにして打ち勝ったかをも明示。
①「若い者たち」（13後半）
例：私たちの教会学校、伊江島中高生キャンプのためのの祈りの根拠。
②「悪い者に打ち勝ったから」（14後半）
「悪い者」。「悪」とは、聖書において、生ける神と神の御心・ご意志・計画に反対、沿わないこと、存在。悪を人の思い込みとか社会制度のせいにする悪の軽視ではない、悪も人格的な存在（二13、五18、エペソ六16）。
また善悪の二元論のように悪を絶対視するのでもない。以下に見るヨハネ一六章33節が明示する、主イエスの勝利の故に、キリスト者・教会も肉、世とサタンに打ち勝つ。「あなたがたは、世にあっては患難があります。しかし勇敢でありなさい。わたし（主イエス）はすでに世に勝ったのです」。
勝利者イエスにあって、戦うキリスト者、戦闘の教会が勝利を約束されている恵み。この恵みに立って、「あなたがたが強く、神の言葉があなたがたの内にいつもあ」る。（14後半）
聖霊の助けに導かれ、祈りを通して、神の言葉・聖書が心、生活、生涯に決定的に刻まれ、実を結ぶ。若者だけでなく、この私も。

［3］「神のみこころを行なう者」（15〜17節）

キリスト者・教会の最も基本的な立場を確認した直後、15〜17節前半、否定形を用いて厳しい勧告。危険について鋭く指摘。17節後半では、12〜14節に描く、三つの恵みを受け、父なる神を愛し、神のみこころを行なうキリスト者・教会、いや人間本来の生き方の提示。

（1）「世をも、世にあるものをも、愛してはなりません」（15〜17節前半）

Iヨハネで、「世」は大きく見て、少なくとも二つの意味。一つは、神に創造された、神中心の世・本来の世。他は、神に背を向け、分離する、誤用され、悪用されている世、現実の世。ここでは、後者の意味。

（2）「しかし、神の御心を行う人は永遠に生き続けます」（17節後半）

神の「みこころ」、主なる神の意志、ご計画、言い分は、聖書に明示。

（イ）宇宙大・万物、存在の喜び（「主よ、わたしたちの神よ、あなたこそ、栄光と誉れと力とを受けるにふさわしい方。あなたは万物を造られ、御心によって万物は存在し、また創造されたからです。」黙示録四11）。

（ロ）主イエスにある贖《あがな》いの御業《みわざ》全体（「キリストは、今の悪の世界から私たちを救い出そうとして、私たちの罪のためにご自身をお捨てになりました。」ガラテヤ一4）。

（ハ）私たち一人一人（「いつも喜んでいなさい。絶えず祈りなさい。すべての事について、感謝しなさい。これが、キリスト・イエスにあって神があなたがたに望んでおられることです」Ⅰテサロニケ五16〜18）。

［4］結び

（1）主イエスご自身が、人間本来の道、父なる神の御心を知り、喜び、従う道を歩まれる。ゲツセマネの園の祈りに見るように。

父なる神に徹底的に従われた主イエスが、弟子・キリスト者・教会に、主の祈りを教え、主の祈りに生き、父なる神のみこころを知り、喜び、行なう道を歩ましてくださる。

（2）私たちの「若い者たち」。伊江島主僕キャンプ、主僕高校のための祈りと歩み、「始めは小さく、目的は大きく。」（A・シュラッター）

（二〇〇一年二月四日　主日礼拝）

反キリスト ――今は、今や、今が――（Ⅰヨハネ二章18～19節）

18 小さい者たちよ。今は終わりの時です。あなたがたが反キリストの来ることを聞いていたとおり、今や多くの反キリストが現われています。それによって、今が終わりの時であることがわかります。19 彼らは私たちの中から出て行きましたが、もともと私たちの仲間ではなかったのです。もし私たちの仲間であったのなら、私たちといっしょにとどまっていたことでしょう。しかし、そうなったのは、彼らがみな私たちの仲間でなかったことが明らかにされるためなのです。

［1］序

（1）今朝は、二月の第三主日で、主日礼拝後、各分会があります。限られた時間ですが、私たちの歩みにおいて、数少ない顔と顔を会わせてのコイノニア、大切な機会です。参加をお勧めします。

（2）今週土曜日、二四日には、祈り備えて来ました、第10回首里福音学生センター講演会を開きます。

残された期間、講師のT姉のため、続けてお祈りしましょう。また家族、友人、知人をお招きください。

（3）まず今朝のテキストである二章18～19節の直接の前後関係を特に注意したいのです。直前の17節後半には、「しかし、神のみこころを行なう者は、いつまでもながらえます（永遠に生き続けます：新共同訳）」とあります。主の祈りの「御心が天で行なわれるように地でも行なわれますように」に通ずるものです。その祈りの土台の上に生きる生活・生涯の恵みをヨハネは明示しています。

また直後、20節には、「あなたがたには聖なる方からの注ぎの油があるので、だれでも知識を持っています」と、聖霊ご自身に導かれる、キリスト者・教会の幸いを指摘しています。聖霊ご自身とキリスト者・教会の深い交わり・コイノニアは、Iヨハネにおける大切な主題の一つです。これからの主日礼拝で、聖霊ご自身の働きについて意を注ぎ、聖書に聴従することを確認し、三月から四月へと年度を越えて行く日々を展望しながら、手紙を読む進めて行きます。

そうした中で、今朝は、18～19節と、主の祈りの、「私たちを試みに会わせないで、悪よりお救いください」との箇所、この両方を注意したいのです。

［2］18～19節

この18〜19節で取り上げている事態を、四章1節以下において、再度ヨハネはさらに詳しく取り上げています。また私たちは、ヨハネが手紙を書く理由であったと考える、「あなたがたを惑わせようとしている者たち」(二26)については、すでに見て来ました。手紙の受取人たちが直面していた厳しい現実を、ヨハネは、主イエスの十字架と復活を基点に取り上げています。

(1)「終わりのとき」と「反キリスト」

①「(今は)終わりのときです」

ここでも、神の国について学んできたことを思い起こす必要があります。主イエスの受肉、十字架、復活において、神の国がすでに現実となっている。しかし主イエスの再臨において、やがて必ず実現する、完全な成就は、いまだ実現していない。その実現を希望をもって待ち望むのです。

②「今や多くの反キリストが現れています」

今まで、間接的に取り上げて来た論敵について、「反キリスト」(二22、四3、IIヨハネ7節)との言葉を用いて、直接に指摘します。彼らは、「御子を否認する」(二23)のです。

(2)19節

①事実と判断、「彼らは私たちの中から出て行きました(去って行きました:新共同訳)」と現実に直面し

て、ヨハネは、「もともと私たちの仲間ではなかったのです」と判断しています。

②判断の根拠。ヨハネがこのような判断するのは、「もし私たちの仲間であったのなら、私たちといっしょにとどまっていたことでしょう」という根拠に基づくのです。

③このような悲しい、混乱を呼ぶ出来事にも、なお目的、効果を認めて、「彼らがみな私たちの仲間でなかったことが明らかにされるためなのです」（19節）と、ヨハネは受け止めます。

[3]「私たちを試みに会わせないで、悪からお救いください」（マタイ六13）

17節の「神のみこころを行なう者」は、主イエスご自身が祈られた、主の祈り「みこころのように」「みこころのとおり」（マタイ二六39、42）、また弟子たちに教えられ、私たちが今朝も声と心を合わせて祈る、主の祈り（マタイ六9以下）を思い起こさせます（『首里福音』734号、4頁）。また主の祈りというとき、18～19節との関係で、今週の聖句として選んだ、マタイ六章13節の祈りの意味を再確認したいのです。

（1）「主の祈り」の大きな流れ、その構造

青梅キリスト教会の林桂司《けいじ》牧師が、東京基督神学校の卒論で取り上げ、今年沖縄聖書神学校のH姉も参照しました、中村獅雄《ししお》先生（1889～1953）。その中村先生は、主の祈りの大きな流れ、その構造に

ついて、以下のような興味深い指摘をなしておられます。

	前半		**後半**	
御名	創造者なる神 父なる神	**糧**	創造者なる神を示す	**現在**
御国	贖罪神 神子イエス	**負債（罪）**	贖罪神を示す	**過去**
御心	解放神 聖霊ご自身	**誘惑**	解放神	**将来**

主の祈りを祈りつつ、生かされ歩む教会は、祈りの教会です。それと同時にキリスト者・教会は、愛の教会であることをⅠヨハネ二章10節を通して教えられました。さらにここでは、教会は、戦闘の教会であることを、主の祈りの大きな流れを通して、またⅠヨハネを通して教えられます。そうです、悪と罪と戦う戦闘の教会です。

私たちは、特に戦闘の教会として、「私たちを試みに会わせないで、悪からお救いください（「わたしたちを誘惑に遭わせず、悪い者から救ってください」新共同訳）」（マタイ六13）と祈るのです。その中心的意味を確認したいのです。

（1）「私たちを試みに会わせないで」。私たちは自らの弱さを正直に認め、多様な誘惑に、自分の力で打ち勝てない事実を知ります。そうした自分を知ります。それゆえに、聖霊ご自身の導きを求めるのです。聖霊ご自身の助けにより、罪に対して戦い、悪しき者や罪に、主イエスにあって勝利させて頂くのです（Ⅰヨハネ五5参照「だれが世に打ち勝つか。イエスが神の子であると信じる者ではありませんか。」）。

（2）「悪からお救いください」（参照：ヨハネ一七15「悪い者から守ってくださるようにお願いします。」）信仰の歩みにおいて、どのような試みに直面しても、それに圧倒されたり、打ち負かされることなく、主なる神のみ力により、もろもろの誘惑、その背後にある、悪魔の策略に勝たせてくださる約束に立ち、祈るのです。

「繁栄にあっては高ぶらず、逆境にあっても失意に陥らぬ」（カルヴァン）ように、私たちは祈るのです（参照：ピリピ四10～13）。

［4］結び

（1）「今」のとき。

ヨハネは、手紙の受取人たちに、「今」がどのような時か、明確に自覚するよう教えています。私たちも、聖書の大きな時の流れを知り、そこから自分自身に委ねられている時についても、しっかりとした自覚を与えられたいのです。左記聖書箇所参照。

「それゆえ、私たちに自分の日を正しく数えることを教えてください。そうして私たちに知恵の心を得させてください。（生涯の日を正しく数えるように教えてください。知恵ある心を得ることができますように。：新共同訳）」（詩篇九〇12）

「御顔をあなたのしもべの上に照り輝かせてください。あなたの恵みによって私をお救いください。（わたしにふさわしいときに、御手をもって追い迫る者、敵の手から助け出してください。：新共同訳）」（詩篇三一16）

「だから、あすのための心配は無用です。あすのことはあすが心配します。労苦はその日その日に、十分あります。（だから、明日のことまで思い悩むな。明日のことは明日自らが思い悩む。その日の苦労は、その日だけで十分である。）」（マタイ六34）

（2）事実と判断

今朝、18節と19節において私たちは見たのです。ヨハネは、悲痛なできごとに直面しながら、的確な判断をくだしています。そして手紙を受け取った人々も、同じ判断に導かれることを当然としています。

私たちも、日々直面する事々を前に、神の御心に基づく判断を求められています。主イエスの十字架と復活の恵みの事実に立ち、聖霊ご自身の導きを受けつつ（「しかし、助け主、すなわち、父がわたしの名によってお遣わしになる聖霊は、あなたがたにすべてのことを教え、また、わたしがあなたがたに話したすべてのことを思い起こさせてくださいます」ヨハネ一四26）。

（二〇〇一年二月一八日　主日礼拝）

聖なる方からの注ぎの油（Ｉヨハネ二章20～29節）①

[20]あなたがたには聖なる方からの注ぎの油があるので、だれでも知識を持っています。[21]このように書
いて来たのは、あなたがたが真理を知らないからではなく、真理を知っているからであり、また、偽りは
すべて真理から出てはいないからです。[22]偽り者とは、イエスがキリストであることを否定する者でなく
てだれでしょう。御父と御子を否認する者、それが反キリストです。[23]だれでも御子を否認する者は、御
父を持たず、御子を告白する者は、御父をも持っているのです。[24]あなたがたは、初めから聞いたことを、
自分たちのうちにとどまらせなさい。もし初めから聞いたことがとどまっているなら、あなたがたも御子
および御父のうちにとどまるのです。[25]それがキリストご自身の私たちにお与えになった約束であって、
永遠のいのちです。[26]私は、あなたがたを惑わそうとする人たちについて以上のことを書いて来ました。
[27]あなたがたのばあいは、キリストから受けた注ぎの油があなたがたのうちにとどまっています。それ
で、だれからも教えを受ける必要がありません。彼の油がすべてのことについてあなたがたを教えるよう
に、──その教えは真理であって偽りではありません。──また、その油があなたがたに教えたとおりに、
あなたがたはキリストのうちにとどまるのです。[28]そこで、子どもたちよ。キリストのうちにとどまって

いなさい。それは、キリストが現われるとき、私たちが信頼を持ち、その来臨のときに、御前で恥じ入るということのないためです。[29] もしあなたがたが、神は正しい方であると知っているなら、義を行なう者がみな神から生まれたこともわかるはずです。

［1］序

（1）今朝は、二月の第四主日。礼拝後には、教会学校教師会を開きます。教会学校に出席する子供の数が少ない状況は、依然として続いています。そうした中で、深い慰めを私たちは受けています。与えられている教会学校の営みを教会全体で祈り進めて行きましょう。

（2）今朝から4回の主日礼拝で、Iヨハネ二章20～29節を味わいます。まずこの箇所の大きな流れを二つの面から見、今後の主日礼拝での宣教の予定を確認し祈り備えたいのです。

まず手紙の受信人たちのあるべき恵みの立場と惑わす者やそれに影響されてしまう人々の姿が鋭く対比されている点です。

◎**手紙の受信人**、「**あなたがた**」（20節）

①「聖なる方からの注ぎの油がある」（20節）

②「知識を持ち」（20節）、「真理を知る」（21節）。
③「御子を告白する者は、御父を持っている」（23節）。
④24～25節の勧めと約束。「初めから聞いたことがとどまっているなら、あなたがたも御子および御父のうちにとどまる」、キリストの約束、「永遠のいのち」。
⑤「……その油があなたかたに教えたとおりに、あなたがたはキリストのうちにとどまる」（27節）
⑥「キリストの来臨のときに、御前に恥じ入る」ことのない（28～29節）。

←　→

◎「**偽り者**」（22節）（「あなたがたを惑わそうとする人たち」26節）。
①「イエスがキリストであることを否定」（22節）。
②「御父と御子を否認」（22節）。
③「反キリスト」（22節）。
④「御子を否認する者は、御父を持たず」（23節）。
⑤「あなたがたを惑わそうとする人たち」（26節）。

上記の大きな流れを心に留めながら、聖書を味わい、新年度に備えて行きます。

［2］キリスト者・教会とは、聖霊を受けている者（20節）

（1）「あなたがたは聖なる方からの注ぎの油がある」（20節）
キリスト（メシア）とは、「あぶら注がれた者」。旧約聖書においては、王、祭司、預言者に任命されるとき、油が注がれます。そのとき用いられた油は聖霊ご自身を象徴していました。この背景の中で、主イエスは、真に油注がれた者として、旧約の王、祭司、預言者が指し示していた、それぞれの役割・すべて（三職）を一身に担われ、完全な意味で、三職を果たされたお方です。キリスト者は、主イエスにあって油を注がれた者として、初めから終わりまで、御霊の支えのうちに歩みを続けます（「もし私たちが御霊によって生きるのなら、御霊に導かれて、進もうではありませんか」ガラテヤ五25参照）。
①出発点から。
「……神の御霊によって語る者はだれも、『イエスはのろわれよ。』と言わず、また、聖霊によるのでなければ、だれも、『イエスは主です。』と言うことはできません。」（Ⅰコリント一二3）。
②キリスト者・教会に注がれる恵みの中心。
父なる神との恵みの関係。「あなたがたは子であるゆえに、神は『アバ、父。』と呼ぶ、御子の御霊を、私たちの心に遣わしてくださいました」（ガラテヤ四6）。

（2）「だれでも知識を持っています」、聖霊と知識

聖書が知識について教えている、二つの点を確認したいのです。

①聖霊ご自身は、決して知識を軽視したり、無視されない。

27節でヨハネが明示しているように、聖霊を受けている者である、手紙の受け取り人たちは、「だれからも教えを受ける必要が」ない。なぜなら、「その油がすべてのことについてあなたがたを教える」からです。「その教えは真理」なのです。

②本来の知識。参照：Iコリント八章1～3節（「私たちはみな知識を持っているということなら、わかっています。しかし、知識は人を高ぶらせ、愛は人の徳を建てます。……しかし、人が神を愛するなら、その人は神に知られているのです）。

第一は、知識と愛との不可分の関係。真の知識は、決して愛と無縁ではない事実を聖書は明記しています。第二は、真の知識は、己の限界を熟知する点。

［3］聖霊の交わり（27節）

次に、20節と内容的に密接な関係を持つ、27節を見たいのです。

（1）「キリストから受けた注ぎの油があなたがたのうちにとどまっています」。

ヨハネ一四～一六章は、主イエスご自身が弟子たちに、聖霊ご自身について集中的に教えている箇所です。これまでも、その箇所を見てきましたが、今朝は、次の点を注意します。

①ヨハネ一五章26節「わたしが父のもとから遣わす助け主、すなわち父から出る真理の御霊が来るとき、その御霊がわたしについてあかしします」。

②また、その関連で、二〇章22節「そして、こう言われると、彼らに息を吹きかけて言われた。『聖霊を受けなさい』」。

(2) 鋭い対比

①自称、霊的、新しい真理の教師　↑↓　聖霊ご自身

（その実、惑わそうとする人）

②だれかから教えを受ける必要　↑↓　「その油がすべてのことについてあなたがたを教える」

③偽り　↑↓　真理

[4] 結び

(1) 三位一体の神を信ずる。

私たちは、今朝の箇所においても、父、御子、御霊についての大切な言及を見てきました。今、私たちは、私たちの信仰の基盤 ―― 三位一体なる神信仰 ―― を確認したいのです。

①祝祷「主イエス・キリストの恵み、神の愛、聖霊の交わり」（IIコリント一三13）

②使徒信条「我は天地の造り主、全能の父なる神を信ず。我はその独り子、我らの主、イエス・キリストを信ず。……我は聖霊を信ず。」

③Iヨハネ、またヨハネ一四～一六章「父なる神」、「主イエス」、「聖霊ご自身」

（2）キリスト信仰と知識

聖霊ご自身により、主イエスを心に信じ、口で告白し、生活と生涯において従うキリスト信仰は、知識を軽視したり、無視などしないのです。知識についての基本的指針として、三つの聖句を各自で味読。

● 「主を恐れることは知識の初めである。愚か者は知恵と訓戒をさげすむ」（箴言一7）。

● 「神によってキリスト・イエスのうちにあるのです。キリストは、私たちにとって、神の知恵となり、また、義と聖めと、贖いとになられました」（Iコリント一30）。

● 「私の主であるキリスト・イエスを知っていることのすばらしさのゆえに、いっさいのことを損と思っています」（ピリピ三8）。

（二〇〇一年二月二五日　主日礼拝）

御子を告白する者は（Ｉヨハネ二章20～29節）②

［１］序

（１）今朝は、三月の第一主日。三月から四月への移行は、私たち首里福音教会の歩みにおいては、二〇〇〇年度から二〇〇一年度への移行でもあります。三月の日々がどれほど平凡に見えても、新年度を迎えるためよき充実した準備のときとなるよう、心して祈りつつ歩みを進めたいのです。

（２）この朝は、Ｉヨハネ二章20～29節の味わいの二回目です。20～29節では、最初に手紙を受け取り読んだ人々が本来あるべき姿（同時に、今、ここで手紙を読んでいる私たちのあるべき姿）と、「惑わそうとする人たち」（26節）の主張・実態をヨハネは鋭く対比していると先週確かめました。今朝の箇所（22～23節、26節）では、この対比は、以下の一点をめぐり鮮明になります。

「偽り者とは、イエスがキリストであることを否定する者でなくてだれでしょう」（22節前半）。

← →
「御子を告白する者」（23節後半）

この鋭い対比を心に留め、「御子を告白する者」として生かされる恵みに立つ自覚を、一人一人・首里福音教会全体が深めたいのです。

[2]「イエスがキリストであることを否定する者」（22節）

（1）「イエスがキリストであることを否定する」（22節）、「彼らは、このようなさばきに会うと昔から前もってしるされている人々で、不敬虔な者であり、私たちの神の恵みを放縦に変えて、私たちの唯一の支配者であり主であるイエス・キリストを否定する人たちです」（参照：ユダ4節）。

26節に見る、「あなたがたを惑わそうとする人たち」の主張・惑わしの内容、その中心は、この一点にあったのです。彼らが受け入れないもの、それは旧約聖書の最初の書、創世記のはじめと新約聖書の最初の書、マタイのはじめに描かれている事実です。

①マタイのはじめ、「処女《おとめ》マリヤより生まれ」（使徒信条）

グノーシス主義、仮現説。この説を唱える人々は、人間の肉体は汚れたもの、悪しきものと決めつけます。それで、霊的存在であるキリストが、洗礼のときイエスにくだり、十字架の受難の前に離れたなどと空想を主張したのです。こうして、「処女マリヤより生まれ」たと告白する、処女降誕・受肉の恵みを否定するのです。その当然の結果として、全き人となられた全き神、主イエス・キリストの十字架の犠牲、その贖いによって打ち開かれる救いの恵みを根底から否定するのです。

②創世記のはじめ、「天地の造り主」（使徒信条）さらに人間の肉体ばかりでなく、物質一切を悪と考え、万物を創造した神とイエスの父なる神は別だとして、旧約聖書を一切否定する者さえ、後には出てきたのでした。

◎主イエスの受肉の事実が、キリスト信仰の大切な鍵の一つとIヨハネ全体で明言。私たちのキリスト信仰が私たちの心、生活、生涯において現実となり、地に足のついたものとなるため、この受肉の事実が、一番底で支えてくれている事実を確認したいのです。

（2）御子と御父の堅い結びつき。

この事実を、ヨハネは否定的表現、肯定的表現と両面から重ねて述べ、ことさら強調しています。

①否定的表現「御子を否認する者は、御父を持たず（御子を認めない者はだれも、御父に結ばれていません：新共同訳）」（23節）。

②肯定的表現「御子を告白する者（御子を公に言い表す者：新共同訳）は、御父にも結ばれています」（23節）。

御子のみが、御父を真の意味で啓示なさっているのです。

マタイ一一章27節、「すべてのものが、わたしの父から、わたしに渡されています。それで、父のほかには、子を知る者がなく、子と、子が父を知らせようと心に定めた人のほかは、だれも父を知る者がありません。」

ヨハネ一四章6節、「イエスは彼に言われた。『わたしが道であり、真理であり、いのちなのです。わたしを通してでなければ、だれひとり父のみもとに来ることはありません。』」

[3]「御子を告白する者（御子を公に言い表す者：新共同訳）」（23節後半）

新約聖書は信じ告白すると言うとき、過去、現在、または未来の事実など信仰の明確な対象を明示しています。どんな事実を信じるか、信仰の対象をはっきり理解して、自分のすべてをもって信頼し、受け入れるのです。

「人となって来たイエス・キリストを告白する霊はみな、神からのものです。それによって神からの霊を知りなさい」（Ⅰヨハネ四2）。

「だれでも、イエスを神の御子と告白するなら、神はその人のうちにおられ、その人も神のうちにいます」（Ⅰヨハネ四15）。

ですから、聖書は、信仰の対象を指し示している上からも、掛け替えのない恵みの器なのです。

（1）福音書、そして聖書全体が証しする、御子イエス

①主イエスはどのようなお方か、全き人となられた全き神。私たちのように成られた主イエスは、私たちが主イエスのようになる道を開いてくださった。

②主イエスは何を語られ、どんな御業をなされたのか。

聖書を読み進めて行く中で、聖霊ご自身が導いてくださり、私たちの心、生活・生涯の中に、上記の二つの面から、主イエスの姿を刻んでくださる。そうです、パウロがテモテに、「私の福音に言うとおり、ダビデの子孫として生まれ、死者の中からよみがえったイエス・キリストを、いつも思っていなさい（イエス・キリストのことを思い起こしなさい。わたしの宣べ伝える福音によれば、この方は、ダビデの子孫で、死者の中から復活されたのです：新共同訳）」（Ⅱテモテ二8）と勧めているように。

（2）ヨハネの福音書の頂点として、トマスの信仰告白

御子を告白するとは何かを明示する一つの実例。

①ヨハネ二〇章19～23節。22節、聖霊を受ける。23節、罪の赦し

②ヨハネ二〇章24～29節。

復活の御子イエスの呼びかけ。
信じない者　↑　↓　信じる者・御子を告白する者
「見ずに信じる者は幸いです」（ヨハネ二〇29）との復活の御子イエスの言葉。では、どのようにして、見ないのに御子を信じることができるのでしょうか。「イエスが神の子キリストであることを、あなたがたが信じるため、また、あなたがたが信じて、イエスの御名によっていのちを得るため」（ヨハネ二〇31）に書かれたヨハネの福音書を読むことを通してです。そうです。聖書を通し、聖霊ご自身に導かれて、御子を「私の主。私の神」と告白するのです。

［4］結び

（1）三月から四月、多忙な中で、聖書を読む。どのように。
①御子イエスの言葉として。
②聖霊ご自身の助けを求め祈りつつ。
③御子イエスを、「私の主。私の神」と告白しつつ。主日礼拝において、ただの一人の人間として、
そして私たちの日常生活のただ中で、
　自営業を営む者として、

医療従事者として、
家庭の主婦として、
企業のただ中に生きる者として、
学び舎にある者として、
稼がずとも、働く者として、そして……
主イエスが私たちのただ中に受肉なさったように（ヨハネ一14）、私たちの生活のただ中で聖書を読み、そこで整えられて行くのです。

（2）家族、友人、知人の中から、ローマ一〇章9節の約束の成就を。
首里福音教会の三月～四月への歩み、そして新年度の日々の歩みの中で求道者が加えられ、キリスト信仰へと導かれますように。
「処女マリヤより生まれ」た方への信仰に立ち、人間・私の尊厳確立。「天地の造り主」の信仰に立ち、万物の存在の意味を悟り、創造者を喜ぶ生活・生涯のため、祈り続けたい。

（二〇〇一年三月四日　主日礼拝）

初めから聞いたことを（Ⅰヨハネ二章20～29節）③

［1］序

（1）今朝の主日礼拝では、会衆聖歌隊の特別讃美の時を持つことができました。実際に讃美をする方々。そして讃美に耳と心を傾けつつ、心の中で讃美する会衆が一つになり、主なる神の御名を崇めることが許されました。感謝と共に、奏楽者のため祈り続けましょう。大切な奉仕を続けてくださるT姉のために、育児に励んでいるR姉とM姉のために、そして新しい奏楽者が起こされるように。私たちが奏楽者のために続けている祈りに、主なる神はI姉を通して答えてくださいました。今後も、主なる神がどのように導いてくださるのか、固唾《かたず》をのむ思いで期待しながら。

（2）今朝は、Ⅰヨハネ二章20～29節の味わいの第三回目として、24、25節に焦点を絞ります。

［2］命令と約束（24節）

24節の前半は命令、後半は約束です。両者は、堅く結ばれています。キリスト者・教会がなすべきと教えられる命令は、主なる神が導き整えてくさる約束に基盤を持ち、支えられています。

（1）命令、「あなたがたは、初めから聞いたことを、自分たちのうちにとどまらせなさい」。

①「あなたがたは、初めから聞いたことを」。ヨハネは、「あながたたは」と文頭で手紙の受取人たち自身に注意を向け、23節までで描く「偽り者」との鋭い対比で、彼らの実態はこのようである、「しかしあなたがたは」と強調します。

「初めから聞いたこと」、「初めから」とは、主イエス・キリストの福音を聞いた初めからの意味。使徒たちが宣べ伝える宣教の内容は、イエスは神の御子、キリストであるとの宣言を中心としています（参照：ヨハネ八31～32）。私たちについて言えば、主日礼拝ごとに心を合わせ、声を合わせて告白しています、使徒信条に要約されている信仰告白を中心にしています。

②「自分たちのうちにとどまらせなさい」

「とどまる」は、御父、御子、キリスト者・教会の継続的な関係・一体性を言い表すため、ヨハネが繰り返し用いる特別な鍵のことば（キーワード）。この節でも、三度繰り返し、勧めと命令に重みを与えています。一度聞いた純粋な福音を常に心のうちに刻み確認し続けよとの勧めです。聞いた福音の内容に単に同意するだけでない。福音のことばが、福音を聞き受け入れたた当人の日々の生活また生涯を貫いて生き生きと働きかけ、影響を与え続け、実を結ぶことを意味します（参照：コロサイ三16）。

（2）約束。「もし初めから聞いたことがとどまっているなら、あなたがたも御子および御父のうちにとどまるのです。」

①「もし初めから聞いたことがとどまっているなら」

宣べ伝えられる福音のことばは、単に聞かれるだけで事足りるのではないのです。福音を聞き入れた人々が御子イエスの御名を信じ、互いに愛し合い、自分の生活・生涯に福音が決定的な影響を与え、心のうちに特別な位置を占め続ける、これこそ本来あるべき姿なのです。

②「あなたがたも御子および御父のうちにとどまるのです」

単に教えを受け入れるのではないのです。生ける御方に従い歩むことが約束されています。以前主日礼拝で共にお読みしましたマタイ二八章18～20節、あの大切な箇所を通し学んだことを再確認。この恵みについては、四章15節でヨハネはより詳しく取り上げています（参照：ヨハネ一五7）。

［3］「約束であって、永遠のいのち」（25節）

（1）「それがキリストご自身の私たちにお与えになった約束」。

キリストご自身が約束された約束とヨハネは強調しています（参照：ヤコブ一12、黙示録二10）。主イエスの教え全体の目的・意図は、人々を導き真のいのちを求める者となすことです。

（2）「永遠のいのち」

①この手紙の冒頭で、「このいのちが現われ、私たちはそれを見たので、そのあかしをし、あなたがたにこの永遠のいのちを伝えます」（一2）とヨハネは主題を明らかにしています。

また手紙の執筆目的について、「私が神の御子の名を信じているあなたがたに対してこれらのことを書いたのは、あなたがたが永遠のいのちを持っていることを、あなたがたによくわからせるためです」（五13）と明言しています。さらに五章20節、手紙のまさに最後で、「永遠のいのち」について繰り返し言及しています。

このように、手紙全体を貫く重要な主題・テーマである、「永遠のいのち」。この永遠のいのちに各自が与かる約束をヨハネは記しているのです。

②ヨハネ一七章3節、「その永遠のいのちとは、彼らが唯一のまことの神であるあなたと、あなたの遣わされたイエス・キリストとを知ることです」。この永遠のいのちを、手紙の受け取り人をはじめキ

リスト者・教会は、福音を受け入れたとき、すでに経験しています。しかしその最終的成就は、「いまだ」なのです。私たちが、神の国ついて学んで来た、すでに、いまだ、やがて必ずの関係を、ここでも見ます。この点について大切な聖句としてIヨハネ三2～3参照（「愛する者たち。私たちは、今すでに神の子どもです。後の状態はまだ明らかにされていません。しかし、キリストが現われたなら、私たちはキリストに似た者となることがわかっています。なぜならそのとき、私たちはキリストのありのままの姿を見るからです。キリストに対するこの望みをいだく者はみな、キリストが清くあられるように、自分を清くします」）。

③「永遠のいのち」についても、ヨハネの福音書から三つの点に限り見たいのです。

（イ）主イエスは、永遠のいのちについて教えられました。

六章68節、「あなたは、永遠のいのちのことばを持っておられます」とペテロの信仰告白。

（参照：六63「いのちを与えるのは御霊です」）。

（ロ）主イエスが来られたのは、永遠のいのちを与えるため。

「わたしは彼らに永遠のいのちを与えます。彼らは決して滅びることがなく、また、だれもわたしの手から彼らを奪い去るようなことはありません」（一〇28）。（参照：一七2「子が、あなたからいただいたすべての者に、永遠のいのちを与えるため、あなたは、すべての人を支配する権威を子にお与えになったからです」）。

（ハ）主イエスの自己宣言

「イエスは言われた。『わたしは、よみがえりです。いのちです。わたしを信じる者は、死んでも生きるのです」（二一25）。

［4］結び

「初めから聞いたことを、自分たちのうちにとど」めるために、二重、三重の課題、恵みの手段があります。

（1）各自にとって。

（2）地域教会、私たちについて言えば、首里福音教会として。

（3）沖縄の教会として、一つの実例、沖縄聖書学園（沖縄信徒聖書学校、沖縄信徒伝道者学校、沖縄聖書神学校）の営み。

（二〇〇一年三月十一日　主日礼拝）

キリストの来臨のときに（Ⅰヨハネ二章20〜29節）④

［1］序

（1）今朝は、三月の最後、そして二〇〇〇年度最後の主日礼拝です。今週の日々、四月よりの新しい年度、具体的には、四月一五日に予定している春の教会総会に備えて進みたいと願います。

（2）今朝は二章20〜29節の四回目。28〜29節（参照：四月二二日主日礼拝、「義を行なう者は」）、特に「キリストが現われるとき……その来臨」（28節）に焦点を絞ります。これらのことばが主イエスが再び来り給う再臨のときを指していることは、明白です。主イエスの再臨こそ、キリスト者・教会の目標です。毎週の主日は、一方で主イエスの復活を記念する日であると同時に、主イエスの再臨を指し示す日です。

［2］「キリストのうちにとどまっていなさい」（28節）

28節は、18節からの「あなたがたを惑わそうとする人たち」（26節）に対する警告のことばの締めくくりであると共に、29節以下の義をなすことについての教えへの橋渡しの役割を果たしています。

（1）この命令・勧告は、二章20～29節にある、三つの命令・勧告の三番目のものです。

①一番目のものは、15～16節に見る否定形を用いてのもの、「世をも、世にあるものをも、愛してはなりません」

②二番目は、24節、「あなたがたは、初めから聞いたことを、自分たちのうちにとどまらせなさい」。「初めから聞いたこと」とは、主イエスが宣べ伝えた「神の国」の福音であり、それに堅く根差す「イエスは主なり」と使徒たちが宣べ伝えた福音宣教であることは、この数週間の主日礼拝において見て来た通りです。その要点を、以下のヨハネ五章24節に見ることが出来ます（「まことに、まことに、あなたがたに告げます。わたしのことばを聞いて、わたしを遣わした方を信じる者は、永遠のいのちを持ち、さばきに会うことがなく、死からいのちに移っているのです」）。

（2）三番目は、「キリストのうちにとどまっていなさい」（28節）

主イエスのことばから、さらに中核に迫り、主イエスとの人格的交わりを直接に強調しています。主イエスを信頼し、生き生きとその支えを身に受けて、日々生活し、生涯を送るよう勧めています。

[3]「キリストが現われるとき」(28節)

主イエスの再臨については、今週の聖句に選んだⅠヨハネ三章2～3節に美しく、明瞭に教えられています。その教えには、今までにも注意して来た二つの中心点があります。

(1)「私たちは、今すでに神の子どもです」(三2)。

私たちは、すでに与えられている、主イエスにある恵みをまずしっかりと受け止めること、それは私たちの信仰生活にとって、大切な基盤です。主イエスにある神の恵みに圧倒されながら、恵みの立場を与えられた者として、私たちは主なる神の命令・勧告を身に受けるのです。

(2)次に「後の状態はまだ明らかにされていません」(三2)との側面も明らかにされています。私たちは、すでに完全だとか、「自分はすでに捕らえた」(ピリピ三13)とか錯覚しないのです。

(3)しかも、この「いまだ」は漠然《ばくぜん》とした「いまだ」ではないのです。はっきりとした、主なる神の約束に立つときなのです。「しかし、キリストが現われたなら、私たちはキリストに似た者となることがわかっています。なぜならそのとき、私たちはキリストのありのままの姿を見るからです」（三2）。このやがて必ずとの望みこそ、「キリストが現われるとき……その来臨のとき」（二28）についてキリスト者・教会が抱く望みです。

（4）この望みに立つ生き方をヨハネは、

①「キリストのうちにとどまっていなさい。……信頼を持ち」と示し、勧めています。

主イエスの再臨の日に備えて生きる生活・生涯、それはキリストと一体とされる歩みです。「信頼を持ち」については、四章17節参照。そこでも再臨の日とのかかわりについて教えています。

②同様に、「キリストに対するこの望みをいだく者はみな、キリストがきよくあられるように、自分をきよくします」（三3）と明示します。

③パウロも、また主イエスの来臨の希望を被造物全体を視野に入れた雄大なスケールで描いています。その代表例として、ローマ八章18〜25節をお読みします。

そしてその希望に生かされる者の生活・生涯について、特に24〜25節に注意したいのです。そうです、希望と忍耐、忍耐と希望です。

〔4〕結び

今朝、私たちは、主イエスの再臨の日を目指す、キリスト者・教会の生き方、それはキリストとの一体である事実を見ました。このキリストとの一体について、私たちの日常生活における食事との関係で聖書の教えを確認したいのです。

（1）主イエスの呼びかけ。
黙示録三章20節。最も親しい、日常的生活の場である食事において、主イエスと一体であることの確認。

（2）食事、そして万物。
Iテモテ四章3～5節。食事に対する態度は、万物に対する態度に通じ、両者は密接な関係。

（3）No Bible, no breakfast.
聖書読まずに、朝食とるな。

（二〇〇一年三月二五日　主日礼拝）

御父はどんなにすばらしい愛を（Ⅰヨハネ三章1〜6節）①

1私たちが神の子どもと呼ばれるために、――事実、いま私たちは神の子どもです。――御父はどんなに
すばらしい愛を与えてくださったことでしょう。世が私たちを知らないのは、御父を知らないからです。
2愛する者たち。私たちは、今すでに神の子どもです。後の状態はまだ明らかにされていません。しかし、
キリストが現われたなら、私たちはキリストに似た者となることがわかっています。なぜならそのとき、
私たちはキリストのありのままの姿を見るからです。3キリストに対するこの望みをいだく者はみな、キ
リストが清くあられるように、自分を清くします。4罪を犯している者はみな、不法を行なっているのです。
罪とは律法に逆らうことなのです。5キリストが現われたのは罪を取り除くためであったことを、あなた
がたは知っています。キリストには何の罪もありません。6だれでもキリストのうちにとどまる者は、罪
のうちを歩みません。罪のうちを歩む者はだれも、キリストを見てもいないし、知ってもいないのです。

（1）今朝は、新しい年度、最初の主日礼拝です。四月八日からの受難週、四月一五日のイースターと意味深いときを含む四月の歩みをそれぞれの場で重ねて行くにあたり、このように共に礼拝の時を持つことを許され、感謝です。

（2）今朝は、Ⅰヨハネの手紙の新しい章、三章のはじめ、1～6節の箇所の第一回として、特に1節に焦点を合わせて行きます。

［2］「御父はどんなにすばらしい愛を与えてくださったことでしょう」（1節前半）

（1）「御父はどんなにすばらしい愛を与えてくださったことでしょう」

①ヨハネは、二章29節の「義を行なう者がみな神から生まれたこと」を受けて、手紙の最初の受け取り人たちに、自分たちがどのような恵みの立場を与えられているか、しっかりと自覚するように訴えています。

②父なる神が私たちに愛を。

恵みの立場、それは、父なる神が愛を豊かに与えていてくださる事実です。これは、ヨハネがこの手紙を通して終始一貫書き記していることであり、聖書全体が明示しているメッセージです。

父なる神の愛。それは、受けるにふさわしくない者に与えられた愛です。使徒パウロは、この点をローマの教会の人々に感動的に説き明かしています。

「私たちがまだ弱かったとき、キリストは定められた時に、不敬虔な者のために死んでくださいました。正しい人のためにでも死ぬ人はほとんどありません。情け深い人のためには、進んで死ぬ人があるいはいるでしょう。しかし私たちがまだ罪人であったとき、キリストが私たちのために死んでくださったことにより、神は私たちに対するご自身の愛を明らかにしておられるのです」（ローマ五6～8）。

「はじめに神が天と地を創造した」（創世記一1）。

この驚くべき、神の創造の御業こそ、すべての土台であることを私たちは教えられ続けています。そして何よりも、愛においてこそ、父なる神が先手を取られていることを、今朝私たちはしっかりと確認したいのです。ヨハネはこの事実を、以下のように明らかにしています。

「私たちが神を愛したのでなく、神が私たちを愛し、私たちの罪のために、なだめの供え物としての御子を遣わされました」（Ⅰヨハネ四10）。

「はじめ」は神なのです。それですから、私たちの現実がどのように見えたとしても、それがすべてではないのです。私たちの本当の姿は、神が愛してくださっている者なのです。

③神の愛。それは、主イエスが私たちの罪の贖い、身代わりとして十字架で死なれた事実によって明らかにされているとヨハネは明言しています。主イエスにおける事実なのです。単なることばだけ

でなく、教えだけでもないのです。

④「どんなにすばらしい愛」とヨハネは強調しています。

この「どんなにすばらしい」との強調のことばは、マタイ八章23～27節の場面で、弟子たちが主イエスご自身に発することばとして、以下のように用いられています。

「風や湖までが言うことを聞くとは、いったいこの方はどういう方なのだろう」（マタイ八27）。

(2)「私たちが神の子どもと呼ばれるために――事実、いま私たちは神の子どもです」

①恵みの事実を「御父は……愛を与えてくださ」ったと父なる神の側から描いた直後、ヨハネは手紙を読む私たちの側に立ち、「私たちが神の子どもと呼ばれる」と、恵みの立場を明らかにしていています。

ではどのようにして神の子どもと呼ばれるようになるのでしょうか。

この点について、ヨハネ一章12節は明言しています。

「しかし、この方（主イエス）を受け入れた人々、すなわち、その名を信じた人々には、神の子どもとされる特権をお与えになった」。主なる神が備えてくださった、救い主・主イエスを信じ、主の名を呼ぶ者に開かれている恵みです。

「ユダヤ人とギリシャ人との区別はありません。同じ主が、すべての人の主であり、主を呼びもとめるすべての人に対して恵み深くあられるからです。『主の御名を呼び求める者は、だれでも救われる。』のです」（ローマ一〇12～13）。「すべての人」とあるように、ユダヤ人とギリシャ人の人種、国籍をはじめ人間が築き上げたすべての差別を越えて与えられいる、主イエスの救いの恵みです。

②「――事実、いま私たちは神の子どもです――」と、ヨハネは強調しています。2節に見る、主イエスのご再臨のときに現実なる希望に対して、今現に経験している事実と強調しています。

［3］世が私たちを知らないのは、御父を知らないからです」（1節後半）

（1）「世が私たちを知らないのは」

ヨハネは、どこまでも現実的です。父なる神との関係だけでなく、「世」との関係についても、明らかにしています、1節の前半で見た恵みの立場を世は認めないのです。誤解や曲解を受けるのです。

（2）そしてなぜこのような現象が起こるのかについて、「御父を知らないかれです」と明快に答えます。そのような世に父なる神は、救いの呼びかけをなさっているのです。世の父なる神に対する態度と父なる神の世に対する恵みの両面を見る必要があります。

[4] 結び

「父なる神」。私たちは今朝も使徒信条、主の祈りを通して、父なる神と呼ぶことが許されている恵みを味わいました。

(1)「我は天地の造り主、全能の父なる神を信ず」。全能であるばかりでなく、父なる神。

(2)「天にまします我らの父よ」。主イエスが私たちと同じになられ、十字架の贖いを通して、私たちに、「子としての身分」(ガラテヤ四5)を与えてくださった恵みの故に。

(二〇〇一年四月一日　主日礼拝)

キリストに対するこの望み（Iヨハネ三章1～6節）②

［1］序

（1）今日から受難週が始まり、一三日（金）は受難日です。そして一五日（日）は、イースターを迎えます。主イエスの十字架と復活の堅い結び付きを、この期間も改めて教えられたいと願います。私たちはIヨハネの手紙を読み進めながら、「ヨハネの福音書」の記事に注意を払って来ました。この期間、ヨハネ福音書一九、二〇章に描かれている、主イエスの十字架と復活の記事を味わい得るならば、幸いです。

（2）こうした中で、今朝はIヨハネ三章1～6節の2回目として、三章2節後半と3節を中心に見て行きたいのです。

[2] 2節後半（「後の状態はまだ明らかにされていません。しかし、キリストが現われたなら、私たちはキリストに似た者となることがわかっています。なぜならそのとき、私たちはキリストのありのままの姿を見るからです。」）

（1）「後の状態はまだ明らかにされていません。しかし、キリストが現われたなら、私たちはキリストに似た者となることがわかっています。」

ヨハネは、1節と2節前半で、「私たちが神の子どもと呼ばれる」、「いま私たちは神の子ども」、「私たちは、今すでに神の子ども」と今すでに現実となっている恵みを力強く3回も繰り返し強調しています。現在すでに与えられている恵みを軽視したり、無視したりしてはいないとヨハネは重ねて強調しているのです。

そしてその直後、今度は未だ現実となっていない、しかしやがて必ず現実になる恵みについて、ふたつの面から描いています。

①「後の状態はまだ明らかにされていません」

私たちは、何を知り得ていないかを知ることが大切です。ここで、ヨハネは、「後の状態はまだ明らかにされていません」と未だ知らされていないことが何であるか明示しています。このことにより、未だ明らかにされていないことを好奇心から様々想像し過ぎないようヨハネが起こり得る事態を防ごうとしている意図が伝わって来ます。

知り得ないことについての空想や根拠のない推測などは、はっきりしていることと知り得ないことの境界線をぼかしてしまいます。その結果、すべてが漠然となり、本来はっきりしていることそのもの（ここでは「キリストが現われたなら、私たちはキリストに似る者となること」）に対して、明快な判断や確認ができない状態に陥る危険をヨハネは熟知していたのです。

②「しかし、キリストが現われたなら、私たちはキリストに似る者となることがわかっています」未だ現実となっていない、しかしやがて必ず現実となる恵みについて、はっきり分かっている事実もあります。この事実について、ヨハネは、主イエスが再び来り給うとき（二28）、「私たちはキリストに似る者となることがわかっています」と明言します。

ここで特に注意したい点があります。それは、「後の状態」、「キリストに似る者」と言われている内容が、私たちの肉体を含む私たちの全存在、私たちの全体を指す事実です。ヨハネは、人間の肉体や物質一般を見下げ蔑《さげ》すむ、あの「偽り者」（二22）、「あなたがたを惑わそうとする人たち」（二26）を意識して、ここでも書き記していると見るのが自然です。彼らにとっては、彼らの言う知識がすべてであり、その知識を持つ者はすでに完全な存在であると主張します。他のいかなるものを必要としないと自己満足し、誇りに満ちています。

これに対して、ヨハネは、主イエスの受肉の事実（四2）に堅くとどまり、私たちの救いがからだの復活を含むと断言しています。今朝も私たちが声を合わせ、心を合わせて信仰の告白をした使徒信条において、「身体《からだ》のよみがえり」と告白したことです。

そうです。ヨハネはすでに現実となっている神の恵み（神の国・神の統治・神の救い）と共に、やがて必ず主イエスの再臨・歴史の終末の日に完成する神の恵みを待ち望み、望みに生かされているのです。

（2）「なぜならそのとき、私たちはキリストのありのままの姿を見るからです」
ヨハネの明言には、確かな根拠があることを示します。

主イエスの再臨についての聖書の証言の中でも、最も美しい、慰めに満ちた、驚くばかりの記述と言っても過言ではありません。

［3］「キリストに対するこの望みをいだく者はみな、キリストが清くあられるように、自分を清くする」（3節）

（1）「キリストに対するこの望みをいだく者はみな」
主イエスを信じ生かされるキリスト者・教会は、すでに完全になった者ではなく、主イエスの再び来り給う再臨のときを待ち望むのです。「望み・希望」、それは、パウロが、「こういうわけで、いつまでも残るものは信仰と希望と愛です」（Ⅰコリント一三13）と信仰、愛と共に、いつまでも残るものとして強調している、特別な恵みです。

この望み・希望については、パウロもペテロもそれぞれ強調しています。たとえばペテロは、「神は、ご自分の大きなあわれみのゆえに、イエス・キリストが死者の中からよみがえられたことによって、私たちを新しく生まれさせて、生ける望みを持つようにしてくださいました」（Ⅰペテロ一3）と、生ける望みが、主イエスご自身の十字架と復活に堅く基盤を持つと宣言し、新生にあずかる者たちに与えられているとペテロは指摘しています。

「生ける望み」。「あなたがたのうちに良き働きを始められた方は、キリスト・イエスの日が来るまでにそれを完成させてくださることを私は堅く信じているのです」（ピリピ一6）とパウロが言い現している望みなのです。この望みの内容をヨハネは、「私たちはキリストのありのままの姿を見るからです」と美しく描いているのです。

（2）「キリストがきよくあられるように、自分をきよくする」

受肉し給うた主イエスご自身が、キリスト者・教会の模範となられている事実を、ヨハネはこの手紙で繰り返し強調しています。例えば、私たちは、すでに二章6節に見る、「神のうちにとどまっていると言う者は、自分でもキリストが歩まれたように歩まれなければなりません」との勧めに、その実例を見て来ました。

この箇所では、主イエスの地上での歩み全体を「キリストが清くあられる」と強調しています。この主イエスに目を注ぎ、「自分をきよくする」と、地上でのキリスト者・教会の歩みを明快に示します。自分をきよくする道は、やはりからだと切り離せないのです。ですから目に見える兄弟との関係、兄弟愛をヨハネが最も重視しているのは、当然です。

すでに現実となっている、「神の子ども」としての恵みの立場に立ち、やがて必ず現実となる確実な希望を見定め、私たちの内に働いてくださる神の助けに支えられ、主なる神が私たちを創造し、救われた目的に従い日々の歩みを続けるのです。主なる神の御心が、私たちの中においても成就するよう祈りつつ。主イエスに対する希望が、キリスト者・教会の現在の生き方を左右します。

［4］結び

（1）今朝の今週の聖句を、もう一度お読みし、「望みの神」との表現を再度味わいたいのです。「望みの神」による、「キリストに対するこの望み」は、「この世にあってキリストに対する単なる希望を置く（Ⅰコリント一五19）ようなものではない。病の床にあって、主イエスの十字架と復活の事実に堅く立ち、やがて必ず現実となる希望を目指し、主にある証人として確かな歩みなしつつ、イエスの身元に召され行かれた方々。死に打ち勝つ希望の証人方です。

（2）今週の受難週の歩みにおいても、ヨハネ一八章以下に見る記事のように、一見神の栄光を全て覆い隠す現実が私たちそれぞれの生活を支配していると見える現実の中で、「キリストに対するこの望みをいだ」き続けるなら、他に何も出来なくとも、地の塩、世の光として生かされるのです。「望みの神」による望み・希望なのですから。

（二〇〇一年四月八日　主日礼拝）

キリストが現われたのは罪を取り除くために（Ⅰヨハネ三章1～6節）③

［1］序

（1）今朝は、イースター礼拝。主イエスが罪と死に勝利し復活なさった事実を、受難週の備えを経て、特別に記念する日です。沖縄地区の姉妹教会を始め、沖縄の諸教会において、イースター礼拝が守られています。さらに海を隔てた日本福音キリスト教会連合の諸教会で、同じくこの時、主イエスの復活が記念されています。

（2）私たちは、今朝、Ⅰヨハネ三章1～6節の第3回目として、4～6節に集中したいのです。この場合、特に、今週の聖句を手掛かりとします。そこで今週の聖句を、もう一度お読みします。

「主イエスは、私たちの罪のために死に渡され、私たちが義と認められるために、よみがえられたからです」（ローマ四25）。

主イエスの復活と私たちが罪赦され、義とせられる恵みとの堅い結び付きに注意を払いながら、罪とは何かについて教えられ、また主イエスが来り給うたのは、まさに、私たちを罪から解き放つためであると確認したいのです。

[2]「罪を犯している者はみな」(4節)

(1) 一章8節から二章2節とこの箇所

ヨハネは、4節から6節において、罪の問題を正面から取り上げています。私たちがすでに見てきたように、一章8節から二章2節において、キリスト者・教会と罪の関係について、ヨハネは言及しています。そこでは、「あなたがたを惑わそうとする人たち」(二26)の偽りの主張に反論していると理解したのです。その中心点は、以下のことでした。自らやみの中を歩みながら、罪がないと言うなら、「自分を欺いており、真理は私たち」(一8)になく、また「もし、罪を犯していないと言うなら、私たちは神を偽り者とするのです。神のみことばは私たちのうちにありません」(一10)と、ヨハネは偽りの教えを鋭く攻撃していたのです。やみの中を歩み、光から遠ざかっているため、自らがやみの中にいることすら自覚しない。罪の恐ろしさは、この自覚すら人々から取り去る点にあると見てきました。

しかし、この三章4節以下では、三章1〜2節で明らかにしている、神の子どもとされている恵みとのかかわりで、罪の課題をヨハネは取り上げています。そして神の恵みとのかかわりにおいて、罪がいかなるものであるか、明らかにしています。

(2) 罪とは

では、ヨハネは罪について何と言っているのでしょうか。4節では、「罪を犯している者はみな、不法を行っているのです。罪とは律法に逆らうことなのです」とヨハネは言っています。主なる神が聖書において明らかにされているご意志に故意に、そして継続的に逆らうことです。三章1～2節に見る、私たちを神の子と呼ぶことを許してくださる神の恵みとの関係で言えば、私たちを子としてくださる父なる神を故意に、継続的に捨て去ることです。

この点について、旧約聖書で明らかにされている実例を見たいのです。申命記三二章に見る、モーセがイスラエルの全集会に聞かせた歌に注意します。まず申命記三二章4節では、主なる神がどのようなお方であるかを宣言します。

「主は岩。主のみわざは完全。
まことに、主の道はみな正しい。
主は真実の神で、偽りがなく、
正しい方、直ぐな方である。」

そして次に、この真実な神がイスラエルの民をどのように取り扱われたかを、10節と11節で、非常にはっきりと描いています。

「主は荒野《あらの》で、
獣のほえる荒地《あれち》で彼（イスラエル）を見つけ、
これをいだき、世話をして、
ご自分のひとみのように、
これを守られた。
わしが巣のひなを呼びさまし、
そのひなの上を舞いかけり、
翼を広げてこれを取り、
羽《はね》に載せて行くように。」

真実な神の愛に満ちた取り扱いに対して、イスラエルの民はどのように応答したのでしょうか。「自分を造った神を捨て、自分の救いの岩を軽んじた」（15節後半）と言われています。さらに、17節、18節では、罪とは何か、明白に語られています。

「神ではない悪霊どもに、
彼らはいけにえをささげた。

それらは彼らの知らなかった神々、
近ごろ出てきた新しい神々、
先祖が恐れもしなかった神々だ。
あなたは自分を生んだ岩をおろそかにし、
産みの苦しみをした神を忘れてしまった。」

この申命記三二章を通し罪の実体が何か明示されたいます。主なる神のご意志、愛に満ちた取り扱いを故意に、継続的に否定すること、これが罪です。

[3]「キリストが現われたのは」(5節)

(1) 罪を取り除く救いの道

この罪を取り除く救いの道が、主イエスの十字架により開かれたのです。今回も、ヨハネの福音書の記事に注意します。洗礼者ヨハネが、自分の方に近づいて来られた主イエスにを見て、「見よ。世の罪を取り除く神の小羊」(ヨハネ一29)と証言している通りです。私たちは、この場面を、ヨハネの福音書の最初に見い出しますが、ヨハネの福音書全体は、この証言どおり、主イエスが世の罪を取り除く御業を描いています。

ヨハネばかりでなく、主イエスの弟子ちが宣べ伝えたのは、主イエスが罪を取り除くとの喜びの福音だったのです。現に、このⅠヨハネの手紙を受け取った人々も、公の宣教を通し、あるいは個人的な指導を通し、喜びの福音に接した人々です。「キリストが現われたのは罪を取り除くためであったことを、あなたがたは知っています」と、指摘されている通りです。

(2) どのようにして

では、どのように、主イエスは、罪を取り除かれたのでしょうか。それは、三章1節で、「御父はどんなにすばらしい愛を与えてくださったことでしょう」と言われている、父なる神の愛に基づく、主イエスの救いの御業です。四章9～10節で明らかにされている通りです。

「神はそのひとり子を世に遣わし、その方によって私たちに、いのちを得させてくださいました。ここに、神の愛が私たちに示されたのです。私たちが神を愛したのではなく、神が私たちを愛し、私たちの罪のために、なだめの供え物としての御子を遣わされました。ここに愛があるのです。」

私たちの罪のために、「キリストは何の罪もありません」と断言されているお方が、罪人の立場をとってくださり、罪人が当然受けるべき十字架の死を身に受けてくださったのです。何の罪もない、罪を知らない主イエスが、私たちの代わりに罪とされたのです。主イエスの死と復活は、罪と死に対する勝利であり、私たちが義と認められるためです。

［4］結び

罪からの解き放ちの道が開かれているのです。主イエスの十字架の死と復活により、罪からの救いの道が開かれたことを自ら深く経験し、力強く宣言しているパウロ。彼の勝利の叫び、Ⅰコリント一五章50〜58節をゆっくり、味わいながらお読みします。

「兄弟たちよ。私はこのことを言っておきます。血肉のからだは神の国を相続できません。朽ちるものは、朽ちないものを相続できません。聞きなさい。私はあなたがたに奥義を告げましょう。私たちはみなが眠ってしまうのではなく、みな変えられるのです。終わりのラッパとともに、たちまち、一瞬のうちにです。ラッパが鳴ると、死者は朽ちないものによみがえり、私たちは変えられるのです。朽ちるものは、必ず朽ちないものを着なければならず、死ぬものは、必ず不死を着なければならないからです。しかし、朽ちるものが朽ちないものを着、死ぬものが不死を着るとき、『死は勝利にのまれた。』としるされている、みことばが実現します。『死よ。おまえの勝利はどこにあるのか。死よ。おまえのとげはどこにあるのか。』死のとげは罪であり、罪の力は律法です。しかし、神に感謝すべきです。神は、私たちの主イエス・キリストによって、私たちに勝利を与えてくださいました。ですから、私の愛する兄弟たちよ。堅く立って、動かされることなく、いつも主のわざに励みなさい。あなたがたは自分たちの労苦が、主にあってむだでないことを知っているのですから。」（二〇〇一年四月一五日　主日礼拝）

義を行なう者は（Ⅰヨハネ三章7～12節）①

7子どもたちよ。だれにも惑わされてはいけません。義を行なう者は、キリストが正しくあられるのと同
じように正しいのです。8罪のうちを歩む者は、悪魔から出た者です。悪魔は初めから罪を犯しているか
らです。神の子が現われたのは、悪魔のしわざを打ちこわすためです。9だれでも神から生まれた者は、
罪のうちを歩みません。なぜなら、神の種がその人のうちにとどまっているからです。その人は神から生
まれたので、罪のうちを歩むことができないのです。10そのことによって、神の子どもと悪魔の子どもと
の区別がはっきりします。義を行なわない者はだれも、神から出た者ではありません。兄弟を愛さない者
もそうです。11互いに愛し合うべきであるということは、あなたがたが初めから聞いている教えです。12
カインのようであってはいけません。彼は悪い者から出た者で、兄弟を殺しました。なぜ兄弟を殺したの
でしょう。自分の行ないは悪く、兄弟の行ないは正しかったからです。

（1）先週の主日は、イースター早天礼拝、イースター礼拝、そして午後春の教会総会を持ちました。一つの節目を通過した感を強くします。そして今、九月末までの二〇〇一年度前期、さらには来年三月末までの二〇〇一年度全体を展望しながら、一回一回の主日礼拝を大切にし、一週一週の積み重ねを主なる神よりの恵みとして受け止めて行く歩みを確認したいのです。

（2）イースター礼拝では、今週の聖句・ローマ四章25節を手掛かりに、主イエスの十字架と復活の切り離し得ない関係を覚え、Iヨハネ三章16節を取り上げ、「キリストが現れたのは、罪を除くため」との主題に焦点を絞り、主イエスによる罪の赦しの恵みを心に刻みました。主イエスの復活こそ、罪と死に対する、何よりの勝利の確証です。

今朝は、三章7節の「子どもたちよ」と、新しい主題に入ることを示す、呼びかけに続く箇所を見たいのです。この箇所では、「義を行なう」と言い表している、主イエスの贖《あがな》いにより罪赦された者の生活・生涯の在り方を、「罪のうちを歩む」（8～9節）との鋭い対比で提示しています。

［2］「**義を行なう者**」、「**義を行なわない者**」（7、10節）

（1）その重要性と意味

①7節で、「だれにも惑わされてはいけません」とヨハネが強調しているのは、「あなたがたを惑わそうとする人たち」(二26)の誤った考え・主張をヨハネが意識し、注意を促《うなが》したいと願ったからです。肉体は重要ではない、自分たちは霊的な知識を持ち完全になった、肉体が何をしたかは問題でないと彼らは偽りの教えを公言していながら、その実生活は破綻《はたん》していたと考えられます。

こうした現実に直面する中で、ヨハネは、二章29節、三章7、10節で「義を行なう」ことについて繰り返し言及しています。「義を行なう」生活・生涯をヨハネがどれほど大切にしていたか明らかです。

②「義を行なう」とは、主なる神が人に求め備えておられる道を実行することです。主なる神また人々との個人的さらに社会的な関係において、主なる神の御心に従うのです。その内容は、モーセの十戒(出エジプト記二〇1～17)を中心とする神の律法に記されています。

主なる神は、このように積極的な生き方、行動、働きを教え、求めなさるばかりでなく、この道を実行するために備え・約束を与えておられるのです。この点について実例の一つとして、預言者エレミヤを通し与えられている約束(エレミヤ書三一31～34)を見、主イエスにおいてまた聖霊の降臨において成就している恵みを確認したいのです。

「……その日、わたしは、イスラエルの家とユダの家とに、新しい契約を結ぶ。……彼らの心に、これを書きしるす。わたしは彼らの神となり、彼らはわたしの民となる。……わたしは彼らの咎《とが》を赦し、彼らの罪を二度と思い出さないからだ」。

◎キリスト者・教会の生活は、義を行ない、善を行なう積極的なものである事実を聖書は一貫して教えています（参照：三22、ローマ一三3、コロサイ四1、Ⅰペテロ三13など）。

（2）「キリストが正しくあられると同じよう」（7節）

中心点は、主イエスとキリスト者・教会の一致です。主イエスの生活、行為とキリスト者・教会との一致、切り離せない関係をヨハネはこの手紙において繰り返し言及し（二6、三3、四17）、強調しています。主イエスご自身においては、正しい存在であることと義なる行為をなすことは不可分である。それと同じく、主イエスにあって生きる者とされたキリスト者・教会は、主イエスにあって義と認められることと義を行なうことを分離することは、決して出来ないとヨハネは指摘しているのです。

◎なおこの点についても、ヨハネの福音書に見る実例（一三15、一五12、一七14）も注意。

［3］「**神の子が現われたのは**」（8節）

（1）「罪のうちに歩む者は、悪魔から出た者です」（8節）

「罪」、「悪」を、ヨハネは軽視しない、まして無視などしていません。しかも罪や悪を、単に人間の心理や制度とのかかわりだけで説明できない事実を熟知しているのです。

「ことさらに罪を犯す者みな」の背後に、神に逆らう、ある人格的な存在の現実があり、人間の判断力をくらまし、主なる神に背かすと見抜いています。。

このかかわりで、、「主の祈り」の「我らをこころみにあわせず、悪より救い出《いだ》したまえ」との部分を私たちは注意したいのです。

「悪魔」は、神の創造において位置づけるのではない。誇り、高ぶり、反逆と変節の咎のかかわりおいて見られます（参照：イザヤ書一四12～15）。

（2）「神の子が現れたのは、悪魔のしわざをうちこわすためです」（8節）

①「神の子が現われたのは」

悪魔に言及し、そのしわざを取り上げるのは、キリストの勝利を宣言するためです。悪魔の存在を無視しないのです。しかし悪魔について、主イエスの勝利と切り離しては、何事も考えないし、語らないのです。この二つの点を、ヨハネから私たちは学ぶ必要があります。

②キリストの勝利、十字架（罪と死）と復活。キリストの業。主イエスに結びついている者が、悪魔から、また罪からの解き放たれると約束されています。勝利の宣告です（参照：五4～5）。

［4］結び

（1）罪・悪の現実と主イエスの勝利。

ヨハネは、この箇所において、罪・悪の実態を次第に深く提示しています。そしてついに、罪の根源を指摘。それは主イエスの勝利に目を注ぐことによってのみ可能なのです。

「私の敵の前で、あなたはわたしのために食事をととのえ
私の頭に油をそそいでくださります。
私の杯は、あふれています。」（詩篇二三5）

寄居時代、松本鶴雄先生の出版記念会における、椎名麟三とのただ一度の会話の思い出（『宮村武夫著作6』「卒論ドストエフスキー」二三七頁以下参照）。

（2）義と愛

10節の後半において、「義を行なわない者はだれでも、神から出た者ではありません。兄弟を愛さない者もそうです」と、義と愛が堅く結ばれている事実。主なる神の御心に従う積極的な生き方は、兄弟愛をその中核として内包しているのです。兄弟愛は、義を行なう生活・生涯の試金石です。「目

に見える兄弟を愛してい」（四20）るかどうかは、義を行なっているかどうかと切り離せないのです。主イエスにおける神の啓示において、義と愛は切り離せません。主イエスの十字架が明示する通りです。主イエスにあって生かされるキリスト者・教会の生活・生涯においても、義と愛は決して切り離すことのできない事実をヨハネの手紙を通し心に刻ん頂きたいのです。

（3）主の祈りの二つの祈りを特に覚えたいのです。

①「みこころの天になるごとく、地にならせたまえ」

②「我らをこころみにあわせず、悪より救い出《いだ》したまえ」

この祈りを祈る恵みをしっかり受け止めたいと願い、もう一度今週の聖句をお読みします。

「私たちは神の作品であって、良い行ないをするためにキリスト・イエスにあって造られたのです。神は、私たちが良い行ないに歩むように、その良い行ないをもあらかじめ備えてくださったのです」（エペソ二10）。

（二〇〇一年四月二二日　主日礼拝）

神の種（Iヨハネ三章7～12節）②

［1］序

（1）今朝の主日礼拝では、M兄より、日本福音キリスト教会連合全国総会の報告を聞くことができ、幸いでした。四月二四日（火）午後四時より二六日（木）正午までと限られた期間でしたが、充実した集いでした。教職、信徒研修会で証言なさった趙壽玉《チョースオク》先生ついては、『JECAフォーラム』49号において紹介されている通りです。当日のテープは、後程各地区に1本届けられることになっています。沖縄の姉妹教会の必要のためにダビング機器が役立ちます。

（2）先週の主日礼拝においては、Iヨハネ三章7～12節の第一回として、「義を行なう者は」との主題で、三章7～8節を取り上げました、

7節に見る「義を行なう」ことが、この手紙において、いかに重視されているか確認しました。「義

を行なう」とは、神の御旨《みむね》に従うことであり、その中心は、「キリストが正しくあられるのと同じように正しいのです」とあるように、主イエスと教会の一致にある事実を見ました。

また8節については、罪の背後に、人間を越えた、「悪魔」の存在を見、罪からの解き放ちを、「神の子が現れたのは、悪魔のしわざを打ちこわすためです」とのキリストの勝利、キリストにあるキリスト者・教会の勝利の一点に絞り確認しました。

今朝は9節を二つの側面から味わいます。

まず9節の真ん中に位置している、「なぜなら、神の種がその人のうちにとどまっているからです」との、驚くべき宣言の意味。

次にこの宣言を前後から挟む、「だれでも神から生まれた者は、罪のうちを歩みません」と「その人は神から生まれたので、罪のうちを歩むことができないのです」について。この二つの側面から、聖霊ご自身と神のみことばに導かれて歩む、キリスト者・教会の生活・生涯、聖化の基盤について、しっかりと教えられたいのです。


［2］「神の種がその人のうちにとどまっているからです」（9節）

（1）「神の種」との表現、比喩。

①「神の種」とは、何のことか、何を指す比喩かついては、二つの可能性があります。

第一は、神の言葉、Ⅰペテロ1章23節（参照：ヤコブ一18）。

第二は、聖霊ご自身。ここでは、おそらく聖霊ご自身を指していると推察します。しかし聖霊ご自身と神のことば（聖書）は、ここでも切り離すことが出来ません。聖霊ご自身の導きにより、神のことばはキリスト者の心に焼き付けられ、キリスト者の心、生活、生涯に働きかけます。聖霊ご自身は、神のことば（聖書）を用いて、人々の心、生活、生涯に働きかけ給います。

②「神の種」、聖霊ご自身の導きは、効果を表し、「罪のうちを歩むことがない」と、実も結びます。さらには積極的に、「義を行なう」道を歩むこと、主なる神の御旨にかなった生活を送ることへとキリスト者・教会を導きます。

（2）「とどまっている」、恵みと命令（参照：二28、三6）。

三章6節では、「だれでも、キリストのうちにとどまる者は」と、条件を述べています。二章28節では、「キリストのうちにとどまっていなさい」と命じています。また三章9節には、聖霊が賜物として与えられ「とどまっている」とあります。ここに、恵みの事実と命令の生きた関係を見ます。

同じことを、すでに一章でも見てきました。一章8節にあるように、私たちは「罪はないと言えない」のです。しかし罪の現実の中で、賜物として与えられている神の種。聖霊ご自身に寄り頼みながら進むことが許されています。賜物として与えられている聖霊ご自身の助けによって、「キリストのうちにとどまっていなさい」との命令に従い得るのです。「キリストのうちにとどまっていなさい」（二28）と命令されていること自体、神の恵みなのです。

［3］聖化の歩み

ヨハネは、キリスト者・教会の歩みの特徴を繰り返し強調して描いています。

「だれでも神から生まれた者は、罪のうちを歩みません」

「その人は神から生まれたので、罪のうちを歩むことができないのです」。

（1）聖霊ご自身は私たちの知、情、意に、そしてその根底にある心に働きかけてくださり、導いてくださいます。私たちの存在の奥深く、心に働きかけてくださりつつ、聖霊ご自身は、
①人間の知、記憶するなど認識、知識を、ヨハネ一四章26節、一五章26節。
②人間の情、楽しみとは似て非なる喜びを、ガラテヤ五章22～23節。
③人間の意志、私たちに志しを与え、その実現へと導き、ピリピ二章13節。

（2）経過

聖霊ご自身が人の心にとどまり、罪を抑え、罪の支配を許されないのです。そればかりでなく、先週「義を行なう者」との主題で学んだように、神の御心・ご意志・ご計画に従う積極的な生き方へと導いてくださいます。神のご意志を、与えられた自らの（自由）意志をもって、私の意志として選び、義を行なうのです。

この聖霊ご自身に導かれる聖い生活・生涯（聖化、Ⅰテサロニケ四1〜8を注意）の道は、一瞬ではないのです。死に至るまで、徐々に一歩一歩進む旅であり、絶えず悔い改めと喜びをもっての歩みなのです。

①「忍耐」

聖化の道を辿るキリスト者・教会の歩みの特徴の一つ、それは忍耐です。そして注意すべきは、この忍耐の根拠です。それは、人間・私の忍耐を支えてくださる神ご自身の忍耐です。迷う羊を命をかけて導いてくささる良き羊飼い（ヨハネ一〇11）の忍耐です。人間・私の忍耐の根拠、それは、神ご自身が、私たちが聖化の道を辿るのを、驚くべき忍耐をもって導いてくださる恵みの事実にあるのです。

②「……にもかかわらず」

この道を歩む過程で、あのダビデの場合（詩篇五一12）のように、信仰の火が消えてしまったように見えるときがあります。しかし全く消えたのではないのです。「灰の下に隠れて燃える炭のように、……心の中にはやはり根が隠されていて、のちにまた芽をだすようになる」（カルヴァン）のです。目に見えるところがどうであろうとも、「……にもかかわらず」なのです。徹底的に恵みの道です。

［4］結び

（1）良心ではなく、神のことばに。

私たちは自分自身に対する人々の評価や自己評価がどのようなものであるかを承知しています。しかしそれが全てではないのです。聖書に基づき、主なる神の言い分、ご意志に従うのです、神の恵みから自分を見るのです。今週の聖句を、もう一度お読みします。

「私たちは、この宝を、土の器の中に入れているのです。それは、この測り知れない力が神のものであって、私たちから出たものでないことが明らかされるためです」（IIコリント四7）。

（2）神の恵みのうちにあって、命令を受ける恵み、二章14節（「小さい者たちよ。私があなたがたに書いて来たのは、あなたがたが御父を知ったからです。父たちよ。私があなたがたに書いて来たのは、あなたがたが、初めからおられる方を、知ったからです。若い者たちよ。私があなたがたに書いて来たのは、あなたがたが強い者であり、神のみことばが、あなたがたのうちにとどまり、そして、あなたがたが悪い者に打ち勝ったからです」）。

（二〇〇一年四月二九日　主日礼拝）

初めから聞いている教え（Ｉヨハネ三章7～12節）③

［1］序

（1）今朝は、五月の第一主日礼拝。一般的にはゴールデン・ウィークの最後の日です。この見方をことさら無視する必要はないでしょう。しかしそれに飲み込まれないように意識する必要はあります。私たちにとっては、週の初めの日、新しい週を、主イエスにあって迎える主日です。五月の4回の主日を柱に、この五月の日々を展望するときです。

五月の主日礼拝では、以下の予定で、みことばに聴従したいのです。

五月　六日　Ｉヨハネ三章7～12節③「初めから聞いている教え」
一三日　Ｉヨハネ三章13～24節①「キリストは、私たちのために」
二〇日　丸山軍司先生宣教
二七日　Ｉヨハネ三章13～24節②「ですから、私たちは」

（２）今朝はⅠヨハネ三章7～12節の三回目として、11節、12節に焦点を絞りたいのです。まず11～24節までの大きな流れを確認します。ここでは、カインの否定的な実例（12節）と主イエスの肯定的な実例（16節、「キリストは」）を対比しています。この対比を基本として、14節後半、15節、17節で、兄弟を愛することを拒絶する人々について言及しながら、「御子イエス・キリストを信じ」そして「互いに愛し合う」、初めから教えられて来た生き方を明示しています。

［２］「互いに愛し合うべき」（11節）

（１）福音の中核、主なる神との関係と隣人との関係。

①この手紙で、「互いに愛し合うべき」について、今までの箇所においてもすでに教えられていました。例えば、

二章7～11節に見る、「兄弟を愛する者」（10節）の日常生活と生涯は、「初めから持っている古い命令」（7節）の内実であり、「新しい命令としてあなたがたに書き送」（8節）ると記されています。

②この箇所の後でも、例えば、

四章11～12節、さらに20～21節で繰り返しています。まず父なる神の私たちに対する驚くばかりの愛をはっきりと示します。その注がれている愛への感謝のうちに、兄弟として互いに愛する道を歩むのです。

（2）「初めから聞いている教え」

主イエスご自身↓弟子、使徒↓Iヨハネの手紙を最初に読んでいる人々（そして新約聖書を通して私たち）。

この恵みの伝達についても、ヨハネの福音書の記事を参照。

◇最後の晩餐（一三1～30、その中で、13～14節）。

◇決別のことば（一三31～一六33）、父なる神と主イエスの関係に基づく、主イエスと弟子たちの関係、そして弟子たち互いの関係。

◇大祭司の祈り。一七章、主イエスは弟子たちに教えられただけでなく、弟子たちのために執り成し祈り、支えられている恵みの事実。

［3］「カインのようであってはいけません」（12節）

（1）12節、ヨハネは、ここでも罪、悪の問題を決して無視も、軽視もしていません。

参照：ヨハネの福音書一章5節、「光りはやみの中に輝いている。やみはこれに打ち勝たなかった」。光りばかりでなく、やみについても言及。いのちに対して死、光に対してやみ、愛に対して憎しみについても。

直接には、創世記四章の記事、さらにその背景の三章の記事を踏まえ、カインの問題点を、「自分の行ないは悪く、兄弟の行ないは正しかったからです」（12節後半）と指摘します。

カインに対して、主イエス。三章16節では、「キリストは……」、そして18～19節では、「私たちは……」と鋭い対比で描きます。

罪の実態は、救いの道が明示されて、はじめて見抜かれて行きます。

（2）罪の場合。

創世記三章、神の人との関係。サタンの誘惑により、神のことばに疑い、ついに不服従。結果は、主なる神の呼びかけ、「あなたはどこにいるのか」（9節）に対して、神からの逃避、責任の転嫁。

創世記四章8節、「カインは弟アベルに襲いかかり、彼を殺した」。9節、「あなたの弟アベルは、どこにいるのか」との問いかけ、兄弟を殺害、兄弟に無関心。

（3）救いの場合
創世記三章15節の約束、さらに三章21節。

創世記四章15節、罪に対するブレーキ。

この約束は、主イエスにおいて成就。「キリストが現れたのは罪を取り除くためであった」（Ⅰヨハネ三5）、三章8節、「神の子が現れたのは、悪魔のしわざを打ちこわすためです」（同8節）。

〔4〕結び

「初めからの教え」と「はじめの愛」
（1）「初めからの教え」
初めから与えられている教えが、信仰の土台としていかに大切か、聖書は一貫して強調しています。
◎旧約聖書の場合。
モーセの十戒、申命記、モーセ五書など、基本的な教えが信仰の土台であることを強調。
◎新約聖書の場合、例えば以下の箇所で。
エペソ二章20～22節
ユダ3節

参照：聖歌525番3節。
かたりつげばや　みよちまたは
うえかわきたる　ひとにみてり
こはげにふるき　おしえなれど
ひびあたらしき　うたとぞなる

(2)「初めからの教え」ばかりでなく、「はじめの愛」(黙示録二4)、Ⅰコリント一三章1～3節。
参照：聖歌601番4節。
この目をもて　主のみ顔
みまつる日に　我は言わん
「はじめの日と　かわりなき
この愛をば　うけませ」と

◇祈りの課題、首里福音教会の牧師として、沖縄聖書神学校での役割（1年から4年の組織神学担当）、また夕拝での教理の学び。

（二〇〇一年五月六日　主日礼拝）

キリストは、私たちのために（Iヨハネ三章13〜24節）①

[13]兄弟たち。世があなたがたを憎んでも、驚いてはいけません。[14]私たちは、自分が死からいのちに移っ
たことを知っています。それは、兄弟を愛しているからです。愛さない者は、死のうちにとどまっている
のです。[15]兄弟を憎む者はみな、人殺しです。いうまでもなく、だれでも人を殺す者のうちに、永遠のい
のちがとどまっていることはないのです。[16]キリストは、私たちのために、ご自分のいのちをお捨てにな
りました。それによって私たちに愛がわかったのです。ですから私たちは、兄弟のために、いのちを捨て
るべきです。[17]世の富を持ちながら、兄弟が困っているのを見ても、あわれみの心を閉ざすような者に、
どうして神の愛がとどまっているでしょう。[18]子どもたちよ。私たちは、ことばや口先だけで愛すること
をせず、行ないと真実をもって愛そうではありませんか。[19]それによって、私たちは、自分が真理に属す
るものであることを知り、そして、神の御前に心を安らかにされるのです。[20]たとい自分の心が責めても
です。なぜなら、神は私たちの心よりも大きく、そして何もかもご存じだからです。[21]愛する者たち。も
し自分の心に責められなければ、大胆に神の御前に出ることができ、[22]また求めるものは何でも神からい
ただくことができます。なぜなら、私たちが神の命令を守り、神に喜ばれることを行なっているからです。

23 神の命令とは、私たちが御子イエス・キリストの御名を信じ、キリストが命じられたとおりに、私たちが互いに愛し合うことです。24 神の命令を守る者は神のうちにおり、神もまたその人のうちにおられます。神が私たちのうちにおられるということは、神が私たちに与えてくださった御霊によって知るのです。

［1］序

（1）今朝は、五月の第二主日。主日礼拝において、会衆聖歌隊の方々の讃美のときがあり、感謝でした。主日礼拝後、会衆聖歌隊の練習があります。「奏楽者のために祈り続けている私たちの祈りに、主なる神がどのように答えてくださっているか教えられている、本当に感謝だ」と幾人かの方々から聞いております。そして今、私たちが駐車場のため祈りつつある中で、奏楽者のための祈りの経験が励ましとなり感謝です。

また今朝は、婦人のために、感謝と祝福を祈るときを与えられました。女性が女性であること、男性が男性であること、そして私が私であることを喜ぶ。大きな恵みです。一人一人の婦人が自分の存在を神が喜ばれている恵みの事実を味わいつつ、注がれている祝福のうちに各自の大切な役割が果たされ続けますように。

(2) 今回、私たちはIヨハネ三章13～24節を五回の主日礼拝で味わう予定です。今朝は、その第一回目です。鋭く対比されています、カインの道とキリストにある私たちの道を見て、私たちに与えられている恵みをしっかり受け止め、恵みに応答したいのです。

[2] カインの道、「やみ」、「死」(13～15節)

(1)「兄弟たち。世があなたがたを憎んでも」(13節)

「兄弟たち」との呼びかけは、手紙の中でここだけ。主イエスの御名のために、苦しみを共にする者として深い連帯感の中からの呼びかけです(参照:ピリピ一29)。

主イエスのゆえに憎しみを受けることを主イエスは弟子たちに予告されていました(参照:マタイ二四9、マルコ一三13、ルカ二一17)。

この点についても、ヨハネの福音書、特に一五章18～25節参照。

(2)「愛さない者には、死のうちにとどまっています。」(14節)

愛といのちは、ほとんど同じ意味です(参照:ヨハネ三36)。

郵便はがき

料金受取人払郵便

本郷局
承認

7604

差し出し有効
期間平成28年
4月10日まで

1 1 3 8 7 9 0

東京都文京区本郷4-1-1-5F
株式会社 ヨベル 行

1 1 3 8 7 9 0 17

裏面にご住所・ご氏名等ご記入の上ご投函ください。

●今回お買い上げいただいた本の書名をご記入ください。

書名

●この本を何でお知りになりましたか？
1.新聞広告（　　　　） 2.雑誌広告（　　　　） 3.書評（　　　　）
4.書店で見て（　　　　書店） 5.教会・知人・友人等に薦められて

●ご購読ありがとうございます。
ご意見、ご感想などございましたらお聞かせくださればさいわいです。
また、読んでみたいジャンルや書いていただきたい著者はどんな方ですか。

ご住所・ご氏名等ご記入の上ご投函ください。

ご氏名：＿＿＿＿＿＿＿＿＿＿＿＿＿＿＿（　　　歳）

ご職業：＿＿＿＿＿＿＿＿＿＿＿＿＿＿＿＿＿＿＿＿＿

所属教団・教会名：＿＿＿＿＿＿＿＿＿＿＿＿＿＿＿＿

ご住所：（〒　　　-　　　　）

＿＿＿＿＿＿＿＿＿＿＿＿＿＿＿＿＿＿＿＿＿＿＿＿＿＿＿

＿＿＿＿＿＿＿＿＿＿＿＿＿＿＿＿＿＿＿＿＿＿＿＿＿＿＿

電話：　　　　（　　　　　　）

e-mail：＿＿＿＿＿＿＿＿＿＿＿＿＿＿＿＿＿＿＿＿＿＿

「あなたの原稿が本になります」（自費出版含）

本の出版の方法に対して、丁寧なアドバイスが好評を得ております。この機会にご検討ください。本ってどんなふうに作るんだろうというご質問から丁寧にお答えします。

信仰生活の証し、随想、歌集、研究書等を人生の記念として「一冊の本」にきちんとまとめて制作してみませんか。制作の困難な部分をお手伝いさせていただきます。手引き**「本を出版したい方へ」**を差し上げております。興味のある方はご一報くだされば送付させていただきます。

最近は、教会創立記念や会堂建築記念に「記念誌」、「説教集」、「証し集」等を制作する教会が増えています。足跡を辿る貴重な記録となります。機会を逃さないで制作してみては如何でしょうか。資料を差し上げます。

資料**「本を出版したい方へ」が（必要　　必要ない）**

見積（無料）など本造りに関するご相談を承っております。お気軽にご相談いただければ幸いです。

＊上記の個人情報に関しては、小社の御案内以外には使用いたしません。

（3）「兄弟を憎む者はみな、人殺しです。いうまでもなく、だれでも人を殺す者のうちに、永遠のいのちがとどまっていることはないのです」（15節）

①ここでも、創世記四章に見るカインが兄弟アベルを殺害した記事を背景に記述をなしています。カインの姿は、主なる神に背を向け、自らの道を進もうとする人間個々の姿、また人間の歴史の否定できない側面をえぐり出しています。

②ヨハネは、「あなたがたを惑わそうとする人たち」（Ⅰヨハネ二26）の間に見られる、「兄弟を憎む」現実を繰り返し指摘し、その深刻な実態を明らかに示しています。

二章9節、「光の中にいると言いながら、兄弟を憎んでいる者は、今もなお、やみの中にいるのです。」

二章11節、「兄弟を憎む者は、やみの中にあり、やみの中を歩んでいるのであって、自分がどこへ行くのか知らないのです。やみが見えなくしたからです。」

③人殺しの種である憎しみ（マタイ五21～22）は、単なる感情の問題でも、修養や治療で直るものではないのです。私たちが自分で解決できないほどのものであり、唯一の望みは、主イエスにある、そこからの解き放ち（ローマ七15以下）だけです。

◎カインの道は、見るからに憎々しいものとのみは言えない事実に注意。創世記四章によれば、「カインは町を建てていた」（17節）。カインの子孫は、「天幕に住む者、家畜を飼う者の先祖」（20節）、「立琴と笛を巧みに奏する者の先祖」（21節）、「青銅と鉄のあらゆる用具の鍛冶屋」（22節）であります。大きく見るならば、言わば古代文明の担い手と見てよいでしょう。ギリシャ・ローマ、その復興を目指すルネッサンス（文芸復興）、さらに近代の人間中心主義（ヒューマニズム）の根底には、このカインの道・兄弟殺しの流れていることを見抜く必要があります。

私たちの国について言えば、明治の開化政策は、カインの道とキリストの道を共に含む欧米文化をどのように受け入れるか重大な課題に直面していたと見る必要があります。その一つの典型的な例として、内村鑑三と有島武郎の場合。有島武郎の『カインの末裔《まつえい》』（一九一七年）は象徴的。

一転して、私たちが天皇制に対処する場合、西洋に対比される日本独自の道などではない、そのカインの道的性格に常に留意する必要があります。主の道は、殺す側ではなく、殺される側の道です。

［3］「**キリストは、私たちのために**」（16節）

まさに、「光はやみの中に輝いている。やみはこれに打ち勝たなかった」（ヨハネ一5）、恵みの事実の明示です。

（1）「キリストは、私たちのために、ご自分のいのちをお捨てになりました」

①「ご自分のいのちをお捨てになりました」十字架の事実。まさに、ただ一度の歴史的事実（参照：

ヘブル九章26節、「……しかしキリストは、ただ一度、今の世の終わりに、ご自身をいけにえとして罪を取り除くために、来られたのです」)。羊のために命をささげる、良き羊飼いである主イエス。

私たちはキリストを信じ救われます。しかしそれは無代価なもの、根拠のないものではない。単なるお話し、教え、ましてや空論ではないのです。十字架の事実、あくまでも恵みの事実に基づくのです。主イエスの贖罪に、私たちの罪の赦しは基づくのです。

②「私たちのために」　すでに一章7節、「イエスの血はすべての罪から私たちをきよめます」、二章5節。「罪を取り除くため」、二章8節、「悪魔のわさを打ちこわすため」と、主イエスの私たちのための御業について明らかにされています。具体的には、カインの末裔《まつえい》として、愛さない者、兄弟を憎む者、死の中にあった私たちのために、私のために、主イエスはいのちを注いでくださったのです。

［4］結び

(2)「それによって私たちに愛がわかったのです」

主イエスの私たちに対する愛によって、この私のような者がと驚くべき恵みを知るのです。そして愛されている者として、愛する者としての生活・生涯へと導かれています。

そうです。カインの道から、キリストの道へとの恵みなのです。

（1）「私たちは、自分が死からいのちに移ったことを知っています」（14節）。「移る」ということばは、一つの場所から他の場所へ移ることを意味する場合に用いられることばです。マタイの福音書では、主イエスの一つの所から他の所へ移動なさることを描く場合に繰り返し用いられています（八34、一一1、一二9、一五29）。このはっきりした行動を指すことばが、ヨハネの福音書では、以下のように。注目です。

「まことに、まことに、あなたがたに告げます。わたしのことばを聞いて、わたしを遣わした方を信じる者は、永遠のいのちを持ち、さばきに会うことがなく、死からいのちに移っているのです」。

その原動力は、十字架の事実です、神の愛の事実を徹底的に知り、味わいたのです。例えば。今週の聖句と共に、Ⅱコリント五章14～15節。ローマ八章37～39節を手掛かりに。

（2）キリストの愛、十字架の愛、私たちの主イエスにある神の愛。死からいのちへ移る唯一の道、カインの道からの解き放ち。この道に恵により導き入れられた者として。「ですから私たちは、兄弟のために、いのちを捨てるべきです」（Ⅰヨハネ三16）。私の場合、首里福音のために「いのちを捨てる」覚悟が問われています。では皆様一人一人の場合は。

（二〇〇一年五月一三日　主日礼拝）

ですから私たちは（Ｉヨハネ三章13～24節）②

［1］序

（1）私は、先週O兄姉宅の聖望キリスト教会の主日礼拝で、宣教を担当しました。O兄と丁度五〇年前、中学一年生のクラスメイトとして出会った恵みを特に味わう機会でした。O兄のご両親が、一九三九年の時点で、キリスト信仰に堅く立ち、自分たちの息子に、讃美歌に因《ちな》んで命名なさった事実の重さを改めて心に刻みました。

（2）今朝は、五月一三日の主日礼拝に引き続き、Ｉヨハネ三章13～24節の味わい二回目です。一回目は、「キリストは、私たちのために」との主題で、三章13～15節との対比で、16節前半を味わいました。カインの道との鋭い対比で、「キリストは、私たちのために、ご自身のいのちをお捨てになりました。それによって私たちは愛がわかったのです」（三16）と、十字架の事実に心を集中したのです。キリストの十字架の死により、私たちははじめて神の愛を自分自身に対するものとして自覚し得ると再確認しました。

今朝は、神の愛を知らされた私たちが、兄弟との関係において、いかに生きるか、いやいかに生かされるか思い巡らしたいのです。まず16節後半に見る、基盤の確認、次に17～18節に見る具体的な勧めを注意したいのです。

［2］基盤の確認（16節後半）

（1）「ですから私たちは」

文字どおりには、「そして私たちは」、16節の前半と後半の結び付き。前半の恵みの基盤の上に、後半が成り立つ事実を示しています。

①16節後半の条件を満たした者に、その報酬として、前半が現実になるのではないのです。16節前半に見る「私たちのために」は、何か価値があったり、条件を満たした「私たちのために」ではなく、神に背を向けて歩んで来た罪人である私たちのためになのです。

②もう一つの大切な点を注意。「ですから私たちは」、「そして私たちは」と、16節前半に見る主イエスの愛、それの現れとしての十字架の死と、私たちが兄弟姉妹のために払う犠牲、――たとえ、それ

が兄弟のための死であっても――、両者の間にある絶対的な区別を明確にする必要。キリストの死は、私たちが受くべき罰を身代わりになって受けてくださり、私たちを解き放ってくださった、全歴史の中で唯《ただ》一度の贖いの死（ヘブル九12、28）です。それに対して私たちの血によっては贖いも、生命を得ることもできないのです。

しかし同時に、主イエスの贖いにより罪許された私たちは、主イエスの地上での歩みに倣《なら》い生きる恵み（二6）を受けてています。

（2）「ですから、私たちは」

①徹底的に愛されている私たちに対する期待。私たちも、愛されるばかりでなく、愛する者として生きるようにと期待されているのです。キリストの模範に従い生きよ、驚くべき勧めです。

私たちは、キリストの死と私たちの死の決定的な、明白な区別を決して忘れてはならない。しかしそれだけでなく、主イエスを模範に生きよという場合でも、私たちが主イエスと全く「同型の、同等の愛」について、ヨハネはここで語っているわけではないのです。「なぜなら、そんなことを要求したら、この世にある限り人間を絶望に陥れるにちがいないからです。そうではなく、使徒はわたしたちの心の向きがこの点にととのえられ、第一に神のために、次に兄弟たちのために自分の生を用い、また死に向かうことを望んでいる」（カルヴァン『新約聖書註解』「ペテロ・ユダ書・ヨハネ書簡」、二七五頁）。

②自己満足などしない道。

主イエスが示された愛は、愛を告白する者の行動基準（ヨハネ一五12「わたしがあなたがたを愛したように、あなたがたも互いに愛し合うこと、これがわたしの戒めです」）。

［3］具体的、実践的勧め（17～18節）

主イエスの愛が注がれいる私。それゆえに決して自分を卑下《ひげ》したり、安売りしたり、なげやりになることなく、自分自身に対して責任を持ち、大切に守り育てるのです。しかしそのように大切にすべき自分の生活・生涯は、自己を中心としたり、自分だけを目的するではない。自分自身から兄弟へと心の向きを変え、他者のために集中する道をヨハネは教えています。

（1）17節。

「あなたがたを惑わそうとする人たち」（二26）が、からだを軽んじて、この地上での実際的な生活を軽視、さらに無視するのに対して、ヨハネは「富」・経済生活（地上の生活に必要な生活必需品）を含め日常生活がいかに大切かを強調しています。

「愛」はキリストの愛として、キリストとキリスト者・教会を結ぶだけなく、キリストの愛の現れとして、キリスト者を互いに結ぶもの（コロサイ三2）であり、実際生活、具体的な状況の中での愛の行為として積極的・具体的な姿勢をとるとヨハネは教えます。

（2）18節

地上の生活に無責任な態度をとる、「惑わそうとする人たち」に対して、からだを離れた妄想や口先ではなく、愛の業により愛を示すことをヨハネは勧めています。信仰の実が実際生活において結ばれるように求め、愛と実際的な行為とを切り離さないのです（参照：ローマ一二9、エペソ四15、ヤゴブ二15～17）。

［4］結び

（1）主イエスの十字架に見る神の愛が私たちの心に注がれる。これこそ、私たちが自分について理解し、日々の実際生活を重ねる源泉（ヨハネ一〇11、15、17、18、一三37～38、一五13）。

（2）全能なる神様は、私のようなものを用い、兄弟の必要を満たすことを善しとされている驚くべき事実。各自に与えられている多様な賜物や能力に従って。私のようなものを必要としている人々のために。私たちが生きる意味、生きる目的、生き甲斐《がい》は、他者との関係から切り離し得ないのです。

（3）全能なる神は、他者を用いて、私の必要を満たしてくださることを善しとされている明白な事実。他者に支えられ生かされている感謝。

（4）キリスト者人生観の確立と実践。キリスト者の生活・生涯は、自己否定と十字架を担うことを二本の柱とし、積極的な姿勢が特徴（カルヴァン、『キリスト教綱要』第4篇6、7、8章）。宮村牧師、沖縄聖書神学校での組織神学担当、その責任を果たせるように祈りの依頼。

今、ここでは、聖歌733番（笹尾鉄三郎作詞）により、この道を確認したいのです。

一　ゲッセマネのよるの　きみをしのばば
うきもなやみも　などて避くべき
おのれをすてて　きみにしたがわん

二　ピラトのにわの　きみをしのばば
はじもなわめも　かこつべきかわ
言い訳ぜすに　きみにしたがわん

三　カルバリやまの　きみをしのばば
いたみくるしみ　ものの数かわ
十字架をおいて　きみにしたがわん

四　はかよりいでし　きみをしのばば
あたもあくまも　おそれるべきかわ
かちどきあげて　きみにしたがわん

（二〇〇一年五月二七日　主日礼拝）

なぜなら、神は（Ⅰヨハネ三章13～24節）③

［1］序

（1）今朝は、六月の第一主日礼拝。この年前半の締め括りの六月（主日礼拝での宣教予定）。
六月三日　Ⅰヨハネ三章13～24節③『なぜなら、神は』
一〇日　Ⅰヨハネ三章13～24節④『神の命令とは』
一七日　Ⅰヨハネ三章13～24節⑤『神が私たちに与えてくださった聖霊によって』
二四日　Ⅰヨハネ四章1～6節①『ためしなさい・識別力』
主日礼拝を大切にしながら、六月に特別に予定されている、諸集会についても注意を払いたいのです。今朝のペンテコステ礼拝において、六月の予定を思い見ることにより、使徒言行録一章8節をはじめ、聖霊ご自身についての教えを堅く信ずる首里福音教会とは何であるか確認し、ペンテコステの恵みを記念したいのです。

まず六月一七日（日）午後二時から、首里福音教会で開催する、日本福音キリスト教会連合沖縄地区の宣教大会、『宣教師、沖縄へ・沖縄から』。

首里福音教会は、沖縄地区にあって、同じく日本福音キリスト教会連合に属する、他の五つの姉妹教会と共に、六つでありながら一つの、一つでありながら六つの、聖なる公同の教会に属する群れとしての営みを続けています。その目に見える現れが、たとえば沖縄地区の講壇交換であり、この宣教大会です。その背後には、本土にある日本福音キリスト教会連合の一五〇を越える教会との主にある交わりがあります。

次に六月四日（月）午後七時半、沖縄第一聖潔教会で開催する、沖縄福音連盟総会。この連盟には、沖縄にある三〇以上の教会が属しています。壮年大会、女性大会、青年大会、中高生大会などの活動を通して、沖縄福音連盟は、私たちにとって親しい存在です。また八月と一二月以外、第三水曜日の午前中に、定例牧師会が持たれています。各教会の祈りの課題を報告し、祈る集まりです。その後の昼食の交わりを含めて、根の営みの一つです。

六月一八日（月）午後七時半、沖縄祈祷院で開催の沖縄聖書学園の総会。一九七三年沖縄信徒聖書学校設立という恵みが、現在の時点で、沖縄信徒聖書学校に加えて、新しく設立された沖縄信徒伝道者学校、一九七八年設立の沖縄聖書神学校と、それぞれの目的を持つ、三つの学校へと波紋のように拡がりました。地域に根差し、広く世界に開かれた神学の営みを沖縄聖書学園は目指しています。

さらに六月二三日（土）午後七時半より、第一一回首里福音学生センター講演会。今回の講師は、一九九六年秋の第六回の講演会に続いて二回目ですが、武裕一郎先生（前基督教独立学園高校校長）。演題は、『日本の教育を考える――基督教独立学園の体験を通して――』です。

首里福音学生センター講演会を重ねてきたのは、明確な確信に立ってのことです。天地の創造者、全能の父なる神を私たちは信じているのです。聖書は、そのお方の作品である、宇宙、特に人間について与えられた説明書です。ですから聖書を通して与えられている創造者である神のご計画（グランド・プラン）を軽視したり、まして無視して、宇宙、歴史、人間について、本当に理解することはできないのです。

また沖縄にそれぞれの建学の精神をもって建てられた、二つの短大を含めた八つの大学の研究と教育のため、沖縄の教会が祈り続けて行くことを願いながら、首里福音学生センター講演会を続けて来たのです。続けているのです。

もう一つあります。祈り続けて頂いた、センド国際宣教団国際総主事のセブルン先生と日本センド派遣会理事長としての私の、北海道訪問です。センドの宣教師方の働きを通して誕生した首里福音教会として、牧師がこの働きに参与することを認め、祈り支えて来たことは、ご承知の通りです。今回の訪問が、センド国際宣教団の北方圏宣教を、北海道の日本福音キリスト教会連合に属する教会を中心に諸教会に紹介する機会として用いられるように、そして将来北海道からも北方圏宣教の場へ、宣教師が派遣されるように心より願い計画されました。

聖霊ご自身は、私たちのうちに志を与え、ときの流れの中で（詩篇三一15前半、「私の時は、御手の中にあります」）、実現へと導いてくださる恵みの事実（ピリピ二12～13）を確認し、ペンテコステ礼拝から始まる、六月四回の主日礼拝。これを柱とし進展していく、六月の礼拝の生活。この月も、一日一日、主の御手に導かれ、小さな歩みを続け、二〇〇一年の後半六か月に備えさせて頂きましょう。

（2）今朝は、Ｉヨハネ三章13～24節の味わいの三回目、19～21節に焦点を絞り、19～20節前半と20節後半、21節に大別して傾聴したいのです。

［2］「私たちは」（19～20節前半）

（1）「それによって、私たちは、自分が真理に属するものであることを知り、そして、神の御前に心を安らかにされるのです。」

①「それによって、私たちは、自分が真理に属するものであることを知」る。「それによって」とは、16節に見た、主イエスの十字架の死により現された神の愛。この神の愛に支えられ、兄弟との日常の生活において実を結ばせて頂く恵み。平凡に見える日々の歩みの中で味わう恵みです。

ピラトの前で、主イエスは、明言されました（ヨハネ一八37「……わたしは、真理のあかしをするため生まれ、このことのために世に来たのです。真理に属する者はみな、わたしの声を聞き従います」）。主イエスは真理を教えられたばかりでなく、ご自身こそ真理である（ヨハネ一四6）と宣言なさいました。この主イエスご自身のうちに、人と人、人と神、そして人と世界の正しい関係が完全に提示されています。

②「神の御前に心を安らかにされるのです。」。「心を安んじえます」（前田護郎訳）。

(2)「たとい自分の心が責めてもです」

聖歌712番（中田重治、一九〇九年）

1節　おかししつみをば　おもいだすごとに
　　こころはみだれて　いたくなやむ
イエス・キリストの血　イエス・キリストの血
すべての罪より　われをきよむ（＊折り返し）

3節　まさみちあゆみて　よろこぶときにも
　　あくまは過ぎにし　つみをかぞう（＊）

[3]「なぜなら、神は」（20節後半）

（1）「神は私たちの心よりも大きく」
ハイデルベルク信仰問答60「私の良心が、……といって、わたしを責めてたとしても」↑↓「神は、わたしに、……完全な償いと義と聖とを与え、わたしのものとしてくださるのであります」

（2）「何もかもご存じだからです」（参照：詩篇一三九篇、ローマ八27など）
武藤健、『知られたる我』（二宮書店、一九六四年）、その中に、今週に聖句として選んだ箇所に基づく、「知られたる我」と題された説教。

[4] 結び

（1）してはいけないこと。「さばいてはいけません。さばかれないためです」（マタイ七1）。
①自分自身に対して。
自分こそ、自分を一番知っているとの思いからの解放。自分自身の判断が基準、物差しではなく、

みことばを通して私たちに与えられている主なる神のご意志、みこころに従い、自分自身を知る。
②他の人々、社会に対して。
私たち自身が審判する者となるのではない。主なる神ご自身が真のさばきをなさるお方であと指し示すと共に、執り成しの祈り。

（2）してもよいこと、しなければならないこと。
①してもよいこと。
詩篇の記者の祈り。それは、知られたる我として、主なる神の御前に生かされた者が生活の現実の中であらゆることについて祈る祈りです（例えば、詩篇一三篇）。
②しなければならないこと。
21～22節。祈りは仕事、大きな仕事であること、出エジプト記三三章に見るモーセの姿を通して教えられます。祈りつつ整えられる生活の中で。

（二〇〇一年六月三日　主日礼拝）

神の命令とは（Iヨハネ三章13～24節）④

［1］序

（1）今朝は、幾つか特別な教会行事を予定している六月の第二主日礼拝です。計画の一つは、二三日に予定している、首里福音学生センター講演会（講師武裕一郎先生）です。家族、友人、知人にご案内ください。武先生は、「日本の教育を考える —— 基督教独立学園の体験を通して」との演題でお話しくださることになっています。また明日から一四日（木）まで、セブレン先生と牧師は、北海道札幌を訪問。センド国際宣教団の北方圏宣教活動を札幌の諸教会に紹介するためです。お祈りください。

（2）今朝は、Iヨハネ三章13～24節の四回目として、22節と23節、特に「神の命令」に心を留めたいのです。

［2］神の命令の内容と神の命令に対する態度

ヨハネは、23節において神の命令の内容を明示しています。

（1）神の命令の内容。

①「私たちが御子イエス・キリストの御名を信じ」

神の命令の基盤は、御子イエス・キリストの御名を信じること、主なる神が備えてくださっている恵みを受け入れることです。ここでも、「はじめに、神が」なのです。主なる神がまず何をなし給うたかに心を向け、主なる神のことばに心を開くのです。

②「キリストが、命じられた通りに」（参照：ヨハネ一五1、12、17）

③「私たちが互いに愛し合うことです」、神の恵みへの応答として。

（2）神の命令に対する態度、信仰をもっての従順。

①Ｉサムエル記三章1～12節

サムエルの場合、「お話しください。しもべは聞いています。」（10節）

②マルコ九章14～29節

ある父親の場合、「信じます。不信仰な私をお助けください。」(24節)

[3] マタイ二八章19、20節 (宣教命令)

Iヨハネ三章22~23節を読むとき思い出すのは、一九九九年の最後に、主日礼拝で味わった、マタイ二八章19~20節です。

(1) マタイ二八章19節。

「それゆえ、あなたがたは行って、あらゆる国の人々を弟子にしなさい。そして、父、子、聖霊の御名によってバプテスマを授け」

①「それゆえ」、一切の権威が主イエスに委ねられたと、はっきりした宣言を主イエスはなされました。その直後、弟子たちの使命・課題について明らかにします。弟子たちの使命は、「それゆえ」とあるように、主イエスの権威に基づき、根差すのです。弟子たちは、主イエスとの生きた関係の中ではじめて、自らの使命を知り、それを実践できます

②「行って」、弟子たちは、主イエスのことば・命令に従い、ガリラヤに行き、主イエスの御名のもとに集まりました。今彼らは、同じく主イエスのことば・命令に従い、そこから全世界へ出て行き、

宣教の働きに従事するのです。私たちも同じです。主日礼拝に集められ、家庭、学校、職場へ派遣されるのです。

③「あらゆる国の人々」、弟子たちは、すでに世界宣教について、「この御国の福音は全世界に宣べ伝えられて、すべての国民にあかしされ、それから、終わりの日が来ます」（二四14）と教えられていました。しかしここでは、世界宣教に自分たちが参与することを求められています。マタイの福音書は、異邦人が福音に心を開く様を描いています（二1、八9、一五22）。今や復活の主イエスの命令として、世界宣教を明確に教えるのです。

④「弟子にしなさい」、当時の社会では、弟子になる師弟関係において教育がなされていました。弟子は、一般に師と個人的な親しい関係を持ち、ただ単に師から教えを受けるだけではなく、これを実践する、師弟の生活や生涯を通じての歩みが重視されます。

主イエスの弟子たちと主イエスの関係をマタイの福音書は描いて来ました。今ここでは、復活の主イエスと弟子たちの間に新しい関係が約束され、弟子たちの福音宣教を通して、時代を越え、地域の限定を越えて主イエスの弟子となるよう、マタイの福音書を読む人々を招いています。

⑤「そして、父、子、聖霊の御名によってバプテスマを授け」

信じてバプテスマを受ける者は、三位一体なるお方（参照：Ⅱコリント一三13、「主イエス・キリストの恵み、神の愛、聖霊の交わりが、あなたがたすべてとともにありますように」）の権威に服し、主イエスのものとされます。

主イエスの弟子になるとは、主イエスに接ぎ木され一つにされることです（参照：ヨハネ一五1～5）。ヨハネが明らかにしている、この主イエスと弟子の生きた関係を、ローマ六章3～5節で、パウロも見事に描いています。パウロはバプテスマの実態を通して以下のように説き明かしています。バプテスマにおいて、水に浸ることは主イエスの死にあずかり古き自己に死ぬ。水から上がることは、復活の主イエスにあずかり、聖霊の導きを受け歩むことを意味すると。

（2）マタイ二八章20節

◎「また、わたしがあなたがたに命じておいたすべてのことを守るように、彼らに教えなさい」

弟子たちは、バプテスマとともに、主イエスのことば・命令を伝える必要があると主イエスは明示しています。

①「わたしがあなたがたに命じておいたすべてのこと」、直接的にはマタイの福音書に記されている主イエスの教え。

主イエスのことば・教えに従うことを通して、主イエスの権威に従うのです。主イエスの弟子となることは、主イエスのことばに従い、人格的に権威に服することです。

◎「見よ。わたしは、世の終わりまで、いつも、あなたがたとともにいます。」（参照：一八19、20）

マタイの福音書最後の場面でも、「見よ」と強調して、恵みの事実を指し示しています。一章23節において、『「見よ、処女がみごもっている。そして男の子を産む。その名はインマヌエルと呼ばれる。」』（訳すと、神は私たちとともにおられる、という意味である。）」と、神が私たちとともにおられると約束なさっています。そして今、この福音書の終わりの初めにおいて、主イエスがともにと約束なさっています。

［4］結び

（1）主イエスの約束のことばの中に生かされて来た、二千年の教会の歴史。

（2）主イエスが共に歩みをなしてくださった者の証（たとばパウロの場合、IIコリント四7～10）。

（3）主イエスの命令に聴従し、世界宣教に生き、生かされるキリスト者・教会として。

六月一七日（日）午後の沖縄地区宣教大会に備える日々を。

（二〇〇一年六月一〇日　主日礼拝）

神が私たちに与えてくださった御霊によって（Ⅰヨハネ三章13～24節）⑤

［1］序

（1）本日午後二時より、祈り備えて来ました沖縄地区の宣教大会を当教会で開催します。今回の主題は、『宣教師、沖縄に・沖縄から』です。沖縄の地にあって、海外宣教、特に宣教師について共に考え、将来を見通す今回の機会を感謝します。参加を改めてお勧めします。

また祈って頂きました、セブルン先生と牧師の北海道訪問、祝福のうちに予定全部を果たすことができました。センド国際宣教団の北方圏の働きを紹介、今北海道の諸教会からの祈りと将来北海道からの働き人の派遣についてお勧めできたばかりではありません。北海道の方々からの意見や期待を伺えました。何よりも共に考え、祈るときを与えれ、実に幸いでした。

（2）今朝はⅠヨハネ三章13～24節の五回目。この箇所の結びである24節に焦点を絞ります。最初の手紙の読み手が聖霊ご自身の働きについて心を集中するように願いヨハネは文字を刻んで行きます。今この手紙を読む私たちも、聖霊ご自身の働きに対して心を開き、約束されている恵みをしっかり受け止め、恵みに応答したいのです。

[2]「御霊によって」（24節）

（1）「神の命令を守る者は神のうちにおり、神もまたその人のうちにおられます」

①「神の命令を守る者は」

「神の命令」については、先週の主日礼拝で学んだことを思い起こしたいのです。私たちの自己中心・自己満足などでなく、神の御旨が私たちを通して現実となって行くことこそ、第一の求めです（マタイ六33）。その基本として、私たちは御子イエス・キリストの御名を信じ、互いに愛し合う生活を重ねて行くのです。神の命令を守る生活・生涯は、父なる神に従順に従う徹底的に人格的な関係です。それは、聖霊ご自身の励ましに支えられ、「アバ、父よ」と呼ぶ私たちの日常的な、また生涯を貫く祈りを中心にするものです。

②「神のうちにおり、神もまたその人のうちにおり」

「うちにおる」また「とどまる」と訳されている単語は、Ⅰヨハネに25回も、またヨハネの福音書では41回も用いられている、ヨハネ特愛のことばの一つです。「神のうちにあり」が第一で、中心。しかしさらに「神もまたその人におり」と、相互関係を示しています。例えば、すでに読んで来た二章24、27節。これから見る四章13、15節を参照

(2)「神が私たちのうちにおられるということは、神が私たちに与えてくださった御霊によって知るのです」

①神はすでに聖霊を与えてくださっている。

まず第一に、主イエスを信じる者に、父なる神は、すでに聖霊を与えていてくださる事実を確認する必要があります（参照：Ⅰコリント一二章3節をしっかり受け留めたいのです）。

私たちの課題は、「もし私たちが御霊によって生きるのなら、御霊に導かれて、進もうではありませんか」（ガラテヤ五24）との呼びかけに答える生活・生涯です。聖霊ご自身を悲しませたり（エペソ四30）、私たちのうちから、聖霊ご自身を消す（Ⅰテサロニケ四19）ようなことがないように。

②「与えてくださっ」ている。

全くの恵みに基づく賜物として、主なる神は与えてくださっています。私たちの側に何か功績があり、それに対する代償ではないのです。

③賜物としての聖霊ご自身は、私たちのうちにあって、正しい信仰告白、正しい認識、正しい生活実践へと私たちを導いてくださいます。それは自己満足からの解放であり、同時に積極的な生き方です。もし信仰と理性・学問が矛盾、対立するならば、そのような信仰がおかしくないか、また学問がおかしくないか吟味する必要があります。

◎恵みに応答し、委ねられた使命を果たす生活・生涯において約束されている、聖霊ご自身の働きと私たちの記憶・記録の関係について。

［3］聖霊ご自身の働きと私たちの記憶・記録（ヨハネ一四26）

今週の聖句に選びましたヨハネ一四章26節が私たちに的確な指針を与えくれます（参照：ヨハネ一六12～13、マタイ一〇16～20）。

聖霊ご自身と私たちの知る・記憶・理解・認識の関係。

最初に聞く・読むなど：put in　保持 保存　思い出す・想起：put out

最も必要なとき、最も適切なとき、聖霊ご自身の助け・導きにより、必要な事柄を私たちは思い出す経験をしています。

しかし聖霊ご自身が私たちを導いてくださるのは、思い出すときだけではありません。最初に聞いたり、読んだりするときにも、聖霊ご自身は私たちを助けていてくださいます。さらに最初のときから思い出すまでの保持・保存の全期間、私たちの意識、潜在意識に聖霊ご自身は働きかけくださっているのです。実に驚くべき恵みです。

［4］結び

（1）情報と聖書

十年以上にわたり、N兄の技官室（電子情報）で、琉大聖研を継続して来ました。一時は、かなりの学生が集うときもありました。しかし全体としては、二、三名で聖書を読み、今の、そしてこれからの情報をめぐる一切のことがらを話し合い、祈り続けて来ました。聖書で情報に関する事柄ついて考えることを大切にして来ました。そうした中で、すべてのことにかかわる大切な二つのことを、深く教えられて来ました。一つは、継続する覚悟がないことは始めない。もう一つは、始めたなら継続することです。

（2）各自の持ち場、立場と聖書

私たちは、主日礼拝に一緒に集まり、同じ讃美歌を賛美し、同じ聖書のことばを味わい、主なる神を共に礼拝する恵みにあずかっています。しかし同時に、各自の持ち場、立場に散り、そこで聖書と聖霊ご自身の導きにより、各自の場に注がれている神の恵みを見抜き、主なる神への賛美をささげるのです。この使命、歩みは、ただただ聖霊ご自身の導きによります。

（3）首里福音学生センター講演会の目的

今回第一一回の集いを開く首里福音学生センター講演会。その目的は、上記（2）に見る、私たちの礼拝の生活に深い関係があります。お招きする講師が、各自の持ち場、立場で聖書を読み続け教えられたこと、また聖霊ご自身の導きにより聖書で、その方の持ち場、立場、専門を読み教えられてきたことを報告くださいます。その報告を私たちは直接お聞きし、今度は私たちが各自の持ち場、立場において、そこに注がれた恵みを見抜くための実際的な教えを与えられ、励ましを受けること。これが、首里福音学生センター講演会の目的です。

（4）沖縄の教会と諸大学の内的な関係。

各大学、また各学部ごとの聖研を。例えば、沖縄県立芸術大学、県立看護大学についての祈り。

県芸において掃除の仕事をなさりながら、県芸のためのH姉の祈り。また奏楽者のための教会全体の祈り。今、この二つが一つとなり、以下のように、私たちの祈りの方向を示してくれています。

来年の受難週の三月二八日(木)、二九日(金)、シュガーホールで、天田繋先生作曲、日本二十六聖人『長崎殉教オラトリオ』の上演予定。昨年の日本伝道会議を、沖縄で継承することを目指すものです。

その際、沖縄県立芸術大学との協力を基本方針として強く求めて来ました。今、県芸の教授、学生、卒業生のための祈り。聖霊ご自身が、音楽の分野を含めて、私たちのの全人格、全機能を導いてくださる確信に立っての祈り。また本当の音楽を求める人は、音楽を体現する人間・私とは何かとの問いに直面するに違いない。

本来の人間のあり方は、主イエスの救いによる本来の人間回復。人間らしい人間、私らしい私のうちから音楽が湧き溢れる恵みをを聖霊ご自身の導きのうちに求め、実現して行くための祈り

(二〇〇一年六月一七日　主日礼拝)

ためしなさい・識別力（Ⅰヨハネ四章1～6節）①

1愛する者たち。霊だからといって、みな信じてはいけません。それらの霊が神からのものかどうかを、
ためしなさい。なぜなら、にせ預言者がたくさん世に出て来たからです。2人となって来たイエス・キリ
ストを告白する霊はみな、神からのものです。それによって神からの霊を知りなさい。3イエスを告白し
ない霊はどれ一つとして神から出たものではありません。それは反キリストの霊です。あなたがたはそれ
が来ることを聞いていたのですが、今それが世に来ているのです。4子どもたちよ。あなたがたは神から
出た者です。そして彼らに勝ったのです。あなたがたのうちにおられる方が、この世のうちにいる、あの
者よりも力があるからです。5彼らはこの世の者です。ですから、この世のことばを語り、この世もまた
彼らの言うことに耳を傾けます。6私たちは神から出た者です。神を知っている者は、私たちの言うこと
に耳を傾け、神から出ていない者は、私たちの言うことに耳を貸しません。私たちはこれで真理の霊と偽
りの霊とを見分けます。

〔1〕序

（1）今朝は、六月の第四主日（二〇〇一年前半最後の主日礼拝）。昨年一二月三一日から二〇〇一年一月一日に持った越年礼拝・祈祷会のことを思い起こし、六か月間を回顧したい。また同時に今年一二月三一日から二〇〇二年一月一日にかけて持ちたいと願う越年礼拝・祈祷会を目指し、これからの六か月を展望し、本日の礼拝と今週の礼拝の生活一日一日を主なる神からの賜物として受け止めたい。

（2）今朝はⅠヨハネ四章1～6節の箇所を味わいます。1節の初めに、「愛する者たち」とヨハネは呼び掛け、新しい区分の始まりであると示しています。先週見た、「神が私たちに与えてくださった御霊によって知るのです」（三24）を受け、「霊」に対する正しい態度、識別力の必要を明言しています。

［2］識別・見分けの必要

（1）してはいけないこと。しなくてはならないこと。

①「霊だからといって、みな信じてはいけません」。ヨハネは、してはならないことが何か、まず警告します。三章24節にあるように、主なる神が賜物として与えれくださる御霊により、キリスト者・教会は信仰告白に導かれ、正しい悟りまた本来あるべき生活へ導かれます。ヨハネは、この基本を明

らかにすると同時に、警告を与えています。御霊の御業に寄り頼む歩みは、単なる神秘的な現象や事柄に熱中することではないのです。こんな不思議なことができる、あんな驚くべきことが可能なのだと人々を引きつけようとする動きは、初代教会の初めからあったのです。いやさらに旧約聖書の時代からもあったのです。また私たちの周囲においても、神秘的現象をめぐり様々な主張がなされ、それなりに人々を引きつけています。こうした現実の中で、ヨハネの勧告を私たちも十分注意すべきです。

②しなくてはならないこと。

ヨハネは、してはならないことを勧告しているだけではありません。「それらの霊が神からのものかどうかを、ためしなさい」と、なすべき事柄として、しっかりした見分ける力を持つことを挙げています。

(2)　その理由

このように、してはならぬこと、しなければならないことの両面からヨハネは慎重《しんちょう》に勧めをなしています。その理由を、「なぜなら、にせ預言者がたくさん世に出て来たからです」とヨハネは明らかにしています。この点については、二章18～27節の箇所を味わった際、この手紙を受け取り最初に読んだ人々が小さくない混乱に直面していた事実を垣間見ました。彼らも困難や障害に直面し、その現実の中で、キリスト者・教会は前進し続けたのです。

「にせ預言者がたくさん世に出て来」る事態について、主イエスご自身があらかじめ警告なさっておられました。たとえばマタイ二四章9〜14節を注意したいのです。「また、にせ預言者が多く起こって、多くの人々を惑わします」（二四11）と主イエスは指摘なさっています。この指摘通りの現実の中で、初代のキリスト者・教会は、しっかりした見分ける力を持つ必要があったのです。

［3］識別・見分けの基準

では、様々な主張や行為に直面して、その真偽《しんぎ》をどのようにして見分けることが出来るのでしょうか。何を基準・物差しと判断すべきなのでしょうか。ヨハネは、一つの判断基準を指し示しています。

（1）積極的な基準

まず積極的基準。四章2節に注目したいのです。「人となって来たイエス・キリストを告白する霊はみな、神からのものです」。この「人となって来たイエス・キリスト」とは、この出来事の意味の理解と切り離すことはできません。「キリストは、すべての罪と欠陥を除いて、わたしたちの兄弟となるため、肉を衣て真の人間とされたという意味である」（カルヴァン、『注解』、二八六頁）と私たちの先達が説明している通りです。ここでも、主イエスがわたしたちと同じ肉体をとって来られた、主イエスの受肉の事実、またその事実を信じる信仰がいかに重要であるかヨハネは強調しています。主イエス・キリストはわたしたちを罪から贖うため、罪を別としてわたしたちと全く同じ人間となり、わたしたちの身代わりとなって十字架で死に、罪と死に勝利し復活なさった。この主イエスにある罪の赦しの福音を信じ、宣べ伝える人であるならば、私たちと国籍が違おうが、教派が違おうが、その外何が違おうが、「みな」神からのものだというのです。実に積極的で広がりを持つ基準です。あらゆる人間的な差別の壁を越えて「みな」神からのものなのだと言うのです。主イエス・キリストにある救いがすべてのすべてなのです。

（２）もう一つの基準

ヨハネは、積極的な基準を示すだけではありません。もう一つの基準、四章３節に見るそれを与えています。「イエスを告白しない霊はどれ一つとして神から出たものではありません。それは反キリストの霊です」とあります。どれほど不思議な現象だとしても、あるいは多くの人々を引きつけるものであるとしても。それが「処女マリヤより生まれ、ポンテオ・ピラトのもとで苦しみを受け、十字架につけられ」た「イエスを告白しない」のであれば、それは神から出たものではない。この基準も大切だとヨハネは明言するのです。

たとえば病気が治る。それはどんなに素晴らしいことでしょうか。病気のため、どれ程の苦しみを経験をしなければならないか。それは単に個人の問題であるばかりでなく、家族全体にどんなに影響を及ぼすか、医療従事者が多い私たちの群れでは、多くの方々が直接見聞きしている事実です。ですから病気が治るのであれば、それ以上何も言う必要がないと思われます。しかし、病気が治る代わりに、人々を主イエス・キリストの救いから離そうとするなら、それはまさに「イエスを告白しない霊はどれ一つとして神から出たものではありません」（四3）とヨハネが鋭く指摘しているとおりです。

病気だけではありません。経済的に豊かになることを含め、身に受ける利益、御利益《ごりやく》がどれ程不思議に見える方法で現実となるとしても、それが私たちを主イエスから遠ざけ、切り離すとするならば、それは、「反キリストの霊」と断じなければならない。

一方においては、「人となって来たイエス・キリストを告白する霊はみな、神からのものです」と積極的に受け留めて行く姿勢。同時に、「イエスを告白しない霊はどれ一つとして神から出たものではありません」と、狭い門から入る側面、そのいずれも大切な基準なのです。

［4］結び

今朝、私たちは、識別力について思い巡らしました。ヨハネの手紙第一を最初に受け取り読んだ人々が、一つの基準に立ち、直面する現象を見分けて行く姿を確認したのです

土の器に宝を与えられた者として、私たちは、益々、聖霊ご自身の導きに委ねて前進させて頂きた

いのです。しかし、ここで、私たちは、今朝教えられたことを大切にしたいのです。私たちもまた、識別力・見分ける力・判断力を必要としています。聖霊ご自身に導かれるとは、単なる神秘的な経験をすることを意味しない。御利益のために、主イエス・キリストから私たちを離そうとする様々なものが押し迫って来る中で、どこまでも、「人となって来たイエス・キリストを告白」する、この一点に堅くとどまり続けるのです。主イエス・キリストこそ、現実に、すべてのものをご統治なさっていると告白します。神の国と神の義を第一にする道です。その時、私たちに必要なすべてが備えられて行く。この約束に生かされ、生きるのです。私たちの周囲も、いわゆる科学的思考や主張が大きな発言力を持つと同時に、神秘的なもの、いわゆる「霊」の世界と言ったものが、人々の生活や生き方を大きく左右しています。こうした現実の中で、私たちは、確かな基準に基づき判断する道を、主にあって歩むのです。

今週の聖句もう一度をお読みしたいのです。その際、Iテサロニケ五章16～22節までのキリスト者の根本的な生活態度を教えている全体の流れ、また23節以下の祈りと祈りの求めに意を注ぎたいのです。お読みします。

「すべてのことを見分けて、ほんとうに良いものを堅く守りなさい。」（Iテサロニケ五21）。お祈りします。

（二〇〇一年六月二四日　主日礼拝）

勝利者、あなたがたのうちにおられる方のゆえに（Ⅰヨハネ四章1～6節）②

［1］序

（1）今朝は七月一日、そして七月の第一主日礼拝です。沖縄の長い夏、暑い日々の中でも、特に七月と八月の歩みを全体として展望したいのです。教会行事としては、七月二九日（日）午後から教会学校の生徒を中心にピクニック、また八月六日（月）～八日（水）夏の伊江島中高生キャンプがあります。さらに目を日本福音キリスト教会連合全体に向けると、各地域の夏の聖会があります。その一つ、八月一二、一三日の東北地区の集いでの宣教奉仕に牧師が招かれています。お祈りください。

（2）今朝はⅠヨハネ四章1～6節の二回目です。今回は、「子どもたちよ。あなたがたは神から出た者です。そして彼らに勝ったのです。あなたがたのうちにおられる方が、この世のうちにいる、あの者よりも力があるからです」（4節）に焦点を絞り、「あなたがたのうちにおられる方」を中心に見たいのです。

［2］自分の立場を知る

4節を前半と後半に分けて見て行きます。4節の前半では、手紙の受取人たちに彼らの立場をヨハネは明らかにし、後半では、彼らの勝利者としての生活・生涯の根拠をヨハネは指し示しています。

（1）「あなたがたは神から出た者です」

先週、私たちはⅠヨハネ四章1～3節に焦点を絞りました。そこでは自分の周囲に渦巻く現象、その背後にある力に対して、正しく見分ける力・識別力を持つことが大切であるとヨハネは手紙の受け取り人たちに教えていました。この事実を逆し、私たちの歩みにおいて見分ける力がいかに大切であるか学びました。

確かに私たちの周囲について適格な判断をすることは大切です。しかしそれだけで十分ではないのです。ヨハネは、もう一つ大切な判断について教えています。それが4節です。

4節の文頭で、「子どもたちよ」と、ヨハネは最初の読者に親しく呼びかけ、周囲についてばかりでなく、自分自身についてもはっきりした判断、自覚を持つべきだと強調しています。では、それはどのような自覚なのでしょうか。

「あなたがたは神から出た者です」と、ヨハネは断言しています。

「神から出た者」の意味をしっかり受け取るため、四月一日の主日礼拝で味わった三章1節を、もう一度読み返します。

「私たちが神の子どもと呼ばれるために、――事実、いま私たちは神の子どもです。――御父はどんなにすばらしい愛を与えてくださったことでしょう」。ヨハネの手紙を最初に読んだ人々も、今読む私たちも、「神から出た者」、「神の子ども」と呼ばれる者なのです。

神の子とされるために、御父が注がれている愛。それこそ主イエスの十字架において明らかにされた愛です。ローマ人への手紙五章8節に見る通りです。

「しかし私たちがまだ罪人であったとき、キリストが私たちのために死んでくださったことにより、神は私たちに対するご自身の愛を明らかにしておられます」。

私たちは、いわば神の愛のほとばしりとでも言うべき存在なのです（参照：エペソ二10「私たちは神の作品であって、良い行ないをするためにキリスト・イエスにあって造られたのです」）。他の人々がどのように判断しようとも、また私たち自身がどのように感じようとも、私たちは、本来、神の一方的な恵みと愛のゆえに、「神から出た者」なのです。神の恵みの中にある自分自身の立場を深く自覚し続ける、これこそ進むべき道です。今週の日々、また七月と八月の歩みを進めて行くため、私たちの意識の奥深く、この恵みの立場の自覚を刻みつけて頂くよう、聖霊ご自身の助けを私たちは求める必要があります。

（2）「そして彼らに勝ったのです」

ヨハネは、「神から出た者」と、私たちが持つべき自己理解を教えているだけではない。「そして彼らに勝ったのです」と、大胆にも勝利の宣言をなしています。最初に手紙を受け取った人々の周囲に渦巻く、反キリストの霊。そして私たちを、主イエス・キリストの恵みから引き離そうとしている勢力は、半端なものではありません。政治的圧力、経済的圧迫、習慣や人付き合いなど日常生活の身近なところでの様々な締め付け。こうした現実の中で、「そして彼らに勝ったのです」と、ヨハネは勝利を宣言しています。勝つかどうかを心配しているのではないのです。勝つだろうかと将来を見通してでもないのです。「勝ったのです」と、ヨハネは勝敗の決定を明示しています。

この驚くべき宣言は、霊の戦いでは、必要不可欠な自分自身についての判断です。ヨハネは、この点について、繰り返し明らかにしています（参照：二13～14）。今週の聖句、Ⅰヨハネ五章4～5節では、さらに明確に、信仰の勝利をヨハネは宣言しています。

「なぜなら、神によって生まれた者はみな、世に勝つからです。私たちの信仰、これこそ、世に打ち勝った勝利です。世に勝つ者とはだれでしょう。イエスを神の御子と信じる者ではありませんか」。

すべての戦いと同じく、信仰の戦いにおいても、全体的見通しを持つ必要があります。目前の一つ一つの戦いに対する戦術と共に、戦局を全体的に見通す戦略が大切なのです。聖書が明示する、信仰の戦いの全体像とは、最後の勝利。これは、主イエスの再臨において必ず実現する新天新地、そこから現在を見る。終わりから現在を見る見方です。最後の勝利、これは実に確かなものです。どんなに苦戦していても、完敗ではないかと思われる状態にあっても、終末の勝利は確かなのであり、深い意味ではすでに勝利しているのです。

[3] 自分の立場の根拠

(1)「あなたがたのうちにおられる方」

ではヨハネは何故このような大胆な勝利の宣言をなし得るのでしょうか。私たちの立場の根拠は、何なのでしょうか。四章4節の前半と後半の間にもともとある「なぜならば」を入れ文字通りに訳して読むと、ヨハネの宣言はよりはっきりします。

「子どもたちよ。あなたがたは神から出た者です。そして彼らに勝ったのです。なぜなら、あなたがたのうちにおられる方が、この世のうちにいる者よりも力があるからです。」

手紙の受取人たちは勝ったのです。しかしそれは、彼らの力によるのではない。彼らばかりでなく、ヨハネもパウロも、同様に自らの弱さに徹し、土の器である事実を熟知しています。しかし土の器に宝を持つ（Ⅱコリント四7）のです。「あなたがたのうちにおられる方」と、ヨハネが目を向けることを求めているお方が中心なのです。土の器の弱さや脆《もろ》さがすべてではないのです。この恵みの事実をパウロがはっきり示している、ガラテヤ二章20節をお読みします（「私はキリストとともに十字架につけられました。もはや私が生きているのではなく、キリストが私のうちに生きておられるのです。いま私が、この世に生きているのは、私を愛し私のためにご自身をお捨てになった神の御子を信じる信仰によっているのです」）。

（2）「この世にいる、あの者よりも力があるからです」

主イエスの十字架と復活こそ、罪と死に対する勝利です。この世の現実がどれほど悲惨に見えても、どれほど恐ろしくとも、「この世のうちにいる、あの者」、つまりサタンが無制限に活動できるのではないのです。唯一の、生ける、真の神がすべてを統治なさっている、この一事を聖書は、創世記の始めから、黙示録の最後に至るまで断言しています。

この一貫した聖書の教えを、ヨハネは手紙の受取人の現実の中で書き送っています。

［4］結び

私たちを内に外に取り巻く現実は、ヨハネの手紙を最初に受け取った人々と同じように、厳しいものです。その中にあって生かされる土の器として、この四章4節に示されている恵みに立ち、ここから七月、八月の歩みを見通し、暑さの厳しい日々、その中にあっても恵みを味わいつつ。一歩一歩前進させて頂きたいのです。

ヨハネの手紙を読み進めながら、ヨハネの福音書をいつも参照するようにして来ました。今朝も、ヨハネの福音書から、主イエスの約束と励ましのことばをお読みします。

あなたがたは、世にあっては患難があります。
しかし、勇敢でありなさい。
わたしはすでに世に勝ったのです。（ヨハネ一六33）

（二〇〇一年七月一日　主日礼拝）

神がこれほどまでに（I）（ヨハネ四章7～13節）①

[7]愛する者たち。私たちは、互いに愛し合いましょう。愛は神から出ているのです。愛のある者はみな神
から生まれ、神を知っています。[8]愛のない者に、神はわかりません。なぜなら神は愛だからです。[9]神は
そのひとり子を世に遣わし、その方によって私たちに、いのちを得させてくださいました。ここに、神の
愛が私たちに示されたのです。[10]私たちが神を愛したのではなく、神が私たちを愛し、私たちの罪のために、
なだめの供え物としての御子を遣わされました。ここに愛があるのです。[11]愛する者たち。神がこれほど
までに私たちを愛してくださったのなら、私たちもまた互いに愛し合うべきです。[12]いまだかつて、だれ
も神を見た者はありません。もし私たちが互いに愛し合うなら、神は私たちのうちにおられ、神の愛が私
たちのうちに全うされるのです。[13]神は私たちに御霊を与えてくださいました。それによって、私たちが
神のうちにおり、神も私たちのうちにおられることがわかります。

[1] 序

（1）先週は、七月最初の歩みを開始した途端《とたん》に台風のニュースを聞き、まさに七月、八月の歩みのただ中を進んでいるのだと実感、今週も、主日礼拝をもって七月第2週の歩みを踏み出します。

（2）今朝は、Ⅰヨハネ四章7～13節の第一回目として、7節から10節の部分に集中し、「私たちは、互いに愛し合いましょう」との勧めを中心に見て行きたいのです。

［2］「神がこれほどまでに」――勧めの基盤

（1）「神は愛だからです」（7～8節）

①「愛する者たちよ」と、手紙の受取人たちに呼びかけ、「私たちは、互いに愛し合いましょう」とヨハネは勧めます。手紙を受け取った特定の人々、彼らの実際生活の現場で語られていることばです。

②「互いに愛し合いましょう」、この勧めの理由、動機として、ヨハネは三つの点を上げられています。

イ「愛は神から出ている」。兄弟に対する愛は、「神から」と、愛の源を証言しています。

ロ「愛のある者はみな神から生まれ」た者。ヨハネは、さきに、「義を行なう者がみな神から生まれた」（二29）と書き、義を行なうことが神から生まれたことの証拠であると教えていました。ここでは、同じように神から生まれたことの重要な証拠として、互いに愛し合うことを挙げています。

ハ「神を知っている」。兄弟を真に愛する者は、神から生まれたばかりでなく、神を知るものだとヨハネは指摘します。神を知るとは、日常生活における人々との関係における経験だと言うのです。

③7節で兄弟愛について明らかにして来たことを、「愛のない者に、神はわりません」と、逆の面から強調して行きます。同じことを、二つの面から見ることにより、よりはっきりと理解するようになるのは、私たちも日常生活で経験していますです。

上記の主張の理由を、「なぜなら神は愛だからです」（8節、参照：16節）と、ヨハネは最も根本的な発言をします。この表現と同じ言い方で、ヨハネは、「神は光りであって」（一5）、「神は正しい方」（二29）と、主なる神がどのようなお方であるかを明らかにしてきました。ここでは、それらに加えて、最高の宣言「神は愛です」。この宣言を私たちが受け止めるため、一つの助けになることがあります。それは、主なる神の御業は、愛のうちになされる行為であると取らえることです。このようにして、「神は愛です」の意味をより実際的に受け止めることができます。たとえば、以下のように。

主なる神は、天と地を創造なさった（その意味は、主なる神は、愛のうちに、天と地を創造なさった）。

主なる神は、万物を統治なさる（その意味は、主なる神は、愛のうちに、万物を統治なさる）。

主なる神はさばかれる（その意味は、主なる神は、愛のうちに、さばかれる）。

このように、主なる神がなされることはすべては、「神は愛です」との一事を指し示しているのです。

（2）主イエスにおける神の愛の現れ（9〜10節）

①9節においてヨハネが語っていることは、ヨハネ三章16節と全く同じメッセージです。ヨハネ三章1節以下に見る主イエスとニコデモの対話に注意しながら、ヨハネ三章16節の意味を確認したいのです。

2節、ニコデモの問い。
3節、主イエスの答え。
4節、ニコデモの問い。
5〜8節、主イエスのことば。
9節、ニコデモの問い。
10節からの、主イエスのことば、15節までか（新改訳脚注参照）、21節までか。

いずれにしても、ニコデモのことばも姿も直接には描かれていません。それで、16節は、本来はニコデモに対することばであるのに、ヨハネの福音書を読む一人一人に個人的に語りかけていることばとして自然に受け入れられるようにヨハネは描いています。

Iヨハネ四章9節のことばも全く同様です。最初にこの手紙を読んだ人々と同様、今、手紙を読む私たちに対しても直接語られている現実の恵みです。

②「私たちが神を愛したのではなく、神が私たちを愛し」（10節）と、ヨハネは、主なる神の愛が最初であり、源であることを明らかにしています。神の愛は、「私たちの罪のために、なだめの供え物として御子を遣わされ」る主イエスの十字架の事実を通して現されていることを、ヨハネはここでも明らかにします。

手紙を受け取った人々を「惑わそうとする人々」（二26）は、「神を愛すると言いながら兄弟を憎んでいる」（四20）とあるように、自分たちは、神を愛していると主張していたようです。しかし彼らが神を愛すると言うとき、それは、宇宙の原理だとか永遠だとか、頭の中で考えている、非人格的な考えです。自己満足と言わざるを得ないのです。聖書の証しする、唯一の、生ける、真の神ではないのです。ですから、そのような頭の中で考えるだけのものを愛すると言えたとしても、そのような頭の中だけのものに愛されることなど、決してないのです。

［3］「互いに愛し合いましょう」――勧めの実践

（1）「愛する者たち。……私たちも」（11節）

ヨハネは、「私たちは」と自分自身を加えて、勧めをしています。勧めをしているだけでなく、手紙を受け取る人々に対して、「愛する者たち」と呼びかけ、勧めを実践していることを示しています。まず一番身近なところかの一歩です。

（2）「互いに愛し合いましょう」

主イエスにある愛に生かされる者が互いに愛しあっている実例として、Ⅰテサロニケ三章12節に見るテサロニケ教会の場合を見てみましょう。「また、私たちがあなたがたを愛しているように、あなたがたの互いの間の愛を、またすべての人に対する愛を増させ、満ちあふれさせてくださいますように。」

ここには、愛の波紋を見ます。

まず主イエスにあって、父なる神からの愛を受けたパウロとその同労者たち。彼らは、神の愛に応答して、テサロニケ教会の人々を愛しているのです。

この愛を受けてテサロニケ教会の人々は、まず互いの間で、兄弟愛の実践をなすのです。しかしその愛は、テサロニケ教会の枠に止まらず、「すべての人に対する愛」へと拡がり続けます。しかも、この愛の波紋は自然にそうなったのではなく、「愛を増させ、満ちあふれさせてくださいますように」と、パウロはそのために祈っています。

このテサロニケ教会で現実になっている愛の波紋が、ヨハネの手紙を受け取っている人々の間でも現実になるようにとヨハネは勧めています。どんな小さい一歩でも、小さすぎることはないのです。

一歩が拡がりのために用いられるのですから。

（3）原点を忘れずに

ヨハネは、互いに愛し合いましょうと勧めるとき、それは主イエスにある神の愛に励まされてであると原点を忘れないのです。

[4] 結び

（1）「これほどまでに」（11節）

週のはじめに、それぞれの所から集められ、「これほどまでに」と、主イエスにおいて現された、神の愛に心を向けることを許され、感謝です。

（2）愛の拡がりの中で。

私たちも、テサロニケ教会や、最初にヨハネの手紙を受け取った人々のように、主イエスにある神の愛に生かされ、愛される者から愛する者へと愛の拡がりの中を歩むことを許されています。

（二〇〇一年七月八日　主日礼拝）

神がこれほどまでに（Ⅱ）（Ⅰヨハネ四章7〜13節）②

［1］序

（1）本日午後には、T姉の洗礼式を牧港中央バプテスト教会に隣接するセントラルバプテスト教会で持つ予定です。洗礼式に備えつつ、このように主日礼拝を守り、七月中旬の日々の導きを求めることが許され、幸いです。

（2）今朝は、先週に引き続きⅠヨハネ四章7〜13節を取り上げ、その2回目として。12〜13節に集中します。直接12節、13節を見る前に、その準備として、「神がこれほどまでに私たちを愛してくださった」（11節）と強調している、9〜11節に描く主イエスにおいて現された神の愛を、確認したいのです。

9〜11節をもう一度お読みします。

［2］「互いに愛し合うなら」（12節）

（1）「いまだかって、だれも神を見た者はありません」

私たちが今確認しました、十字架の主イエスを通して現れた神の愛、この神の愛から引き離そうとする攻撃を、ヨハネの手紙を受け取った人々は受けていたと推察されます。私たちが、何度も注意してきた、「あなたがたを惑わそうとする人々」（二26）によるものです。この人々は、自分たちは神について特別な知識を持つと誇り、さらに特別な経験の中で神を見たとまで主張したと考えられます。こうした主張を意識し、それに対抗して、「いまだかって、だれも神を見た者はありません」とヨハネは宣言しているのです。特別な知識や経験ではなく、主イエスご自身、そして主イエスの十字架こそ、神の愛が人々に現される道なのです。

この点について、ヨハネの福音書一章18節も、とても大切なことを教えています。

「いまだかつて神を見た者はいない。父のふところにおられるひとり子の神が、神を説き明かされたのである。」

前半においては、ヨハネの手紙で私たちが今見ていると全く同じことを主張して、「いまだかつて神を見た者はいない」と明言しています。そしてヨハネの福音書全体で明らかにされいるように、主イエスにおいて、父なる神が明らかにされている事実を後半で指し示しています。主イエスにおいて説き明かされた、主なる神の愛が、今や主イエスを信じる人々相互の愛を通して証しされるべき道をヨハネは指し示しています。

（2）「私たちが互いに愛し合うなら」

惑わす人々が、自分たちの知識や体験に基づき誇るのに対して、ヨハネは、人間の現実生活から離れて空想するのではなく、手紙を受け取る人々の日常生活のうちに実を結んでいく、神の愛を何よりも大切なものとして見、主張するのです。

手紙を受け取る人々が互いに愛し合い、信頼し合い生かされているなら、「神は私たちのうちにおられ」るとヨハネは明言します。それとと共に、「神の愛が私たちにのうちに全うされるのです」と語り継ぎ、強調しています。神の愛が、人々のうちに全うされるとは、人々を生かし、その人々が愛へと向かわされることを意味します。

この主なる神と手紙を受け取る人々の関係は、今週の聖句として学んだ主イエスと弟子たちの間の生きた交わりと深く結びつきます。もう一度今週の聖句をお読みします。

「わたしはぶどうの木で、あなたがたは枝です。人がわたしにとどまり、わたしもその人の中でとどまっているなら、そういう人は多くの実を結びます。わたしを離れては、あなたがたは何もすることができないからです。」（ヨハネ一五5）。

［3］御霊と愛（13節）

まずIヨハネ三章24節を参照したいのです。互いに愛し合うようにとの「神の命令を守る者は神のうちにおり、神もまたその人のうちにおられます。神が私たちのうちにおられるということは、神が私たちに与えてくださった御霊によって知るのです。」とあります。三章14節の場合と同様、四章13節でも、互いに愛し合うことと御霊の注ぎが堅く結ばれています。

（1）主なる神が私たちのうちに。

私たちが主なる神のうちにと。主なる神と民の基本関係の中心である、主なる神と民の相互の関係をヨハネは重視します。

（2）御霊は、私たちを助けてくださり、主イエスにある父なる神の愛を受け入れることを可能にしてくださいます（参照：Iコリント一二3）。そしてこの恵みの関係に生かされていることを自覚する恵みに導いてくださいます。

（3）聖霊と愛の結び付きについては、ガラテヤ五章22〜23節を注意したいのです。

「しかし、御霊の実は、愛、喜び、平安、寛容、親切、善意、誠実、柔和、自制です。このようなものを禁じる律法はありません。」

木が一つの場所にとどまり、時間をかけて実を結ぶように、ヨハネの手紙を受け取った人々も、それぞれが兄弟姉妹の交わり、社会の現実の中に場を与えられ、主イエスと生きた関係、兄弟姉妹との主イエスにある交わりのうちに成長させて頂き、それぞれにふさわしい御霊の賜物の実を結んでいくのです。

聖霊の賜物の中で第一として、パウロは愛を挙げています。それこそすべての賜物の基盤でり。拡がりや豊かさを支えるものなのです。

（4）このように聖霊ご自身の導きによる愛の交わりの拡がりは、主イエスご自身の模範から弟子たちへ、そして弟子たちからヨハネの手紙を受け取る人々への拡がりと重なります。

主イエスから弟子たちへ

「世にいる自分のものを愛されたイエスは、その愛を残るところなく示された」（ヨハネ一三1）。

「わたしがあなたがたにしたとおりに、あなたがたもするように、わたしはあなたがたに模範を示したのです」（ヨハネ一三15）。

弟子（ヨハネ）から手紙を受け取る人々へ
「愛する者たちよ」（Iヨハネ四8）。
←
手紙を受け取る人々の間で
「私たちも互いに愛し合う」（Iヨハネ四12）。

［4］結び

（1）主なる神が私たちに御霊を与えてくださった恵みの事実。神がこれほどまで私たちを愛してくださったことを、聖霊ご自身の助けにより思い巡らし、認識するように導かれるのです。
この「思い巡らす」ことについては。詩篇四八篇9節が、その意味の理解のためよき手引きを与えてくれています。

神よ。私たちは、あなたの宮の中で、
あなたの恵みを思い巡らしました。

主なる神により与えられた恵みを、思い巡らすことを通して、確かに恵みとして心に、そして日々の生活の中で受け入れるのです。

（2）私たちも互いに愛し合う。

その人が私にとってどれほど役に立つかどうか、自分中心な価値判断ではない。その人がその人として貴い存在であるからとの視点に立つ、人と人の関係です。

またここで勧めている、互いに愛し合う関係は、相手の働きかけを待つ事なく、こちらから先手をとる積極的な働きかけを含みます。

（二〇〇一年七月八日　主日礼拝）

イエスを神の御子と告白するなら（一ヨハネ四章14〜18節）①

14 私たちは、御父が御子を世の救い主として遣わされたのを見て、今そのあかしをしています。15 だれでも、イエスを神の御子と告白するなら、神はその人のうちにおられ、その人も神のうちにいます。16 私たちは、私たちに対する神の愛を知り、また信じています。神は愛です。愛のうちにいる者は神のうちにおり、神もその人のうちにおられます。17 このことによって、愛が私たちにおいても完全なものとなりました。それは私たちが、さばきの日にも大胆さを持つことができるためです。なぜなら、私たちもこの世にあってキリストと同じような者であるからです。18 愛には恐れがありません。全き愛は恐れを締め出します。なぜなら恐れには刑罰が伴っているからです。恐れる者の愛は、全きものとなっていないのです。

［1］序

（1）今朝は、七月もすでに第四主日です。主日礼拝後、教会学校教師会を開きます。来週主日礼拝後に予定している、「海へ行こう2001年」の最終的な打ち合わせ、各クラスの報告などがなされます。また午後三時には、オリブ園訪問。月一度の訪問の楽しみの一つは、「私たち合わせて三百歳」とおっしゃる、元気なI姉、M姉、S姉との交わりです。

（2）今朝は、Iヨハネ四章14～18節の第一回として、特に14～16節に集中。まず第一に、主イエスについての証言と主イエスに対する信仰について、続いて16節に見る神の愛と信仰の関係について。

［2］あかし・証言（四14）と信仰告白（四15）

（1）「私たちは、御父が御子を世の救い主として遣わされたのを見て、今そのあかしをしています」（14節）。ヨハネは、主イエスの恵みの出来事の目撃者、証言者です。

①「御父が御子を世の救い主として遣わされたのを見て」

ここで大切な中心点は、御父が御子を救い主として遣わされた歴史的事実です。御子イエスが、罪を別にして、全き人となられた受肉の事実を、ヨハネは手紙を一貫して強調しています。ここでは、「見て」とヨハネは目撃者としての自分の役割を強調しています。ヨハネの目撃者としての深い自覚は、手紙の最初一章1～4節までの箇所で、「目で見た」、「見た」と繰り返している点からも明らかです。

目撃者についても、ヨハネの福音書を参照したいのです。主イエスの十字架の場面を描く記述の中で、一九章34～35節を特に注意。

「しかし、兵士のうちのひとりがイエスのわき腹を槍で突き刺した。すると、ただちに血と水が出て来た。それを目撃した者があかししているのである。そのあかしは真実である。その人が、あなたがたにも信じさせるために、真実を話すということをよく知っているのである」（参照：IIペテロ一16）。

②「世の救い主」

ヨハネは歴史的事実の目撃者である事実を強調しています。しかし同時に、「世の救い主として」と、主イエスの出来事がどんな意味を持つか、主イエスがどのようなお方か理解し伝えています。

主イエスのことばを聞き、その行為を見るだけでは十分ではないのです。「わたしが父のもとから遣わす助け主、すなわち父からでる真理の御霊が来るとき、その御霊がわたしについてあかしします」（ヨハネ一五26）と主イエスが約束なさっているように、聖霊ご自身に導かれてはじめて、ヨハネをはじめ弟子たちは、主イエスがどのようなお方か主イエスの御業がどのような意味を持つかを悟ったのです。

このように意味を理解するとき、はじめて真に見ると言えます、

「ことばは人となって、私たちの間に住まわれた。私たちはこの方の栄光を見た。父のみもとから来られたひとり子としての栄光である。この方は恵みとまことに満ちておられます」（ヨハネ一14）。

ヨハネは、「世の救い主」以外にも。幾つもの表現を用いて、主イエスがどうようなお方か、また主イエスの御業の意味を説き明かしています。たとえば、

「御父の御前で弁護してくださる方」（二1）
「私たちの罪のためのなだめの供え物」（二2、四10）
「御父の私たちに対する愛のしるし」（四9、10、16）

③「今そのあかしをしています」

ヨハネは、主イエスの出来事の目撃者であるばかりでなく、あかしする者・証言者です。

ヨハネの福音書には、主イエスご自身に出会い、主イエスを見た者として、他の人々が信じるようにあかしをなす使命を果たしている人々が登場します。先程注意したヨハネ一九章34〜35節の場合のように。ここでは、サマリヤの婦人とサマリヤの人々の場合を見たいのです（参照：ヨハネ四39〜42）。

「さて、その町のサマリヤ人のうち多くの者が、『あの方は、私がしたこと全部を私に言った。』と証言したその女のことばによってイエスを信じた」（ヨハネ四39）。まさにサマリヤの婦人は、主イエスの証言者として、他の人々が主イエスを信じるため用いられています。

このように、ヨハネの福音書において、使徒として選ばれた特別の人々以外にも、キリストの証言者として用いられている多くの人々が登場します。同じ証言者の拡がりを手紙においても見るのです。

Iヨハネ四章14節に見る、「私たち」は、直接的にはヨハネなど使徒を指すと同時に、以下のような拡がりを含みます。

ヨハネなど、直接の弟子

ヨハネの手紙を最初に読む人々
ヨハネの手紙を代々にわたり読んできた人々
ヨハネの手紙を今読む人々

（2）信仰の告白（15節）

14節に見るキリスト証言に対する応答。手紙を受け取った人々の間においても現実となっている、主イエスに対する信仰の告白をヨハネは書き記します。

①「だれでも」、ユダヤ人とギリシャ人の差別（人種、国籍）なくだれでも、年配と若者の差別（年齢）なく、自由人と奴隷の差別（社会階層）なく、さらに女と男の差別（性別）なく（参照：ガラテヤ三28）、ヨハネは「だれでも」と強調しています。

②信仰告白の内容。「イエスを神の御子と告白する」、これはキリスト信仰の基盤であり、聖霊ご自身の導きによるものです。

「御子を告白する者は、御父を持っているのです」（二23）。

「人となって来たイエス・キリストを告白する霊はみな、神からのものです」（四2）。

③「神はその人のうちにおられ、その人も神のうちにいます」。
主イエスを信じ告白する者に対しての約束です。主イエスを信じる者が地上で歩みを全うするため

に、父なる神との人格的交わりを約束されています。何物にも比較できない力が注がれる約束です。

［3］神の愛と信仰（16節）

16節では、信仰から神の愛へとヨハネは筆を進めて行きます。Iヨハネにおける頂点の一つと言っても過言でない大切な節です。

（1）「私たち、私たちに対する神の愛を知り、また信じています」ここにも、知る・知識と信仰との関係を見ます。

①神が私たちを愛してくださる事実を知り、信頼する。
②神の愛に信頼することを通して、神は本質において愛なる方であることをより深く認めるようになる。
③神のうちに生きることは、愛のうちに生きることと見いだす。
このように一歩一歩理解を深めて行きます。

［4］結び

（1）「世の救い主」
主イエスの十字架の福音は、全世界へ向けての福音です。世界宣教の土台（参照：マタイ二八18～20）。

（2）あかし・キリスト証言
私たちは、主イエスの福音を聞くことにより、主イエスを信じる信仰へ導かれます。私たちが福音を聞くことができるのは、福音を宣べ伝えてくださった方々がいたからです。福音を私たちに宣べ伝えてくださった人々も、自分に主イエスの恵みを証言してくださった証人たちがいたから、主イエスを信じ、主イエスの証人になることができました。
キリスト信仰に導かれた私たちもそれで終わりでなく、新しい証人として福音を宣べ伝える恵みに加えられています。

（3）「愛のうちにいる者は神のうちにおり、神もその人のうちにおられます。」
主イエスを信じたキリスト者・教会が、地上で生きて行くとき、各自を根底から支える恵み（参照：13節「神は私たちに御霊を与えてくださいました。それによって、私たちが神のうちにおり、神も私たちのうちにおられることがわかります。」）。

（二〇〇一年七月二二日　主日礼拝）

愛が私たちのうちにも（Ⅰヨハネ四章14～18節）②

〔1〕序

（1）今朝の主日礼拝後、教会学校・一般合同で、「海へ行こう２００１年」の時を持つ予定です。

（2）今朝はⅠヨハネ四章14～18節の二回目。17～18節に焦点。

〔2〕さばきの日にも

（1）愛の完成

17節の文頭には、「このことによって、愛が私たちにおいても完全なものとなりました」と、先週味わった14～16節を「このことによって」とまとめて、神の愛の完成と見ています。神の愛の完成について、今まで読んできたヨハネの手紙第一において、すでに繰り返しヨハネは言及しています。たとえば二章5節（「しかし、みことばを守っている者なら、その人のうちには、確かに神の愛が全うされているのです。それによって、私たちが神のうちにいることがわかります」）。

このように、二章5節では、みことばを守ることと神の愛が全うされることが結びつけられています。さらに四章12節を注意したのです（「いまだかつて、だれも神を見た者はありません。もし私たちが互いに愛し合うなら、神は私たちのうちにおられ、神の愛が私たちのうちに全うされるのです」）。

四章12節では、手紙を受け取った人々が互いに愛し合うことにより、神の愛が全うされると、兄弟愛と愛の完成が結び合わされています。

以上の例に対し、四章17節では、来るべき審判に目を向けて、愛の完成を語り、「さばきの日にも大胆さを持つことができる」ことと愛の完成の深い結びつきをヨハネは指摘しています。

（2）「さばきの日にも」

「さばきの日」について、聖書の教えの実例。

「そして、人間には、一度死ぬことと死後にさばきを受けることが定まっているように」（ヘブル九27）とあります。私たちは、死の現実を否定できません。しかし聖書は、死が確実であると同時に、死後にさばきを受けることも確実なことだと教えています。私たちは、明確に意識するとしないとにかかわらず、心の奥深いところで、死によって一切が無に帰するのではないと感じているのではないでしょうか。一切が無に帰するとすれば、死はある意味でそれほど恐るべきものではないはずです。しかし、死後のさばきにうすうす気づき、それに耐えられない自分の実態を認め恐れているのではないでしょうか。

「さばきの日」についての聖書の教えの代表の一つとして、ヨハネの黙示録二〇章11節以下。「また私は、大きな白い御座と、そこに着座しておられる方を見た。地も天もその御前から逃げ去って、あとかたもなくなった」とあります。地も天もあとかたもなくなるとの描写が大切です。私たちは小さいときから、自然・万物が永遠から永遠に存在し、すべてを抱えこんでくれるのだと教えられ、そのように感じて成長して来ました。ですから「国破れて、山河あり」と言われるように、国が戦いに敗れ、一切の価値が崩れ去る中でも、なお「山河あり」と、永遠に変わらないものとして自然を見、そこに空しさの支えを見出そうとするのです。自らの人格を無人格な自然の中に解消し安らぎを得ようとするのです。ところが聖書は、逆に地も天も、自然・万物一切があとかたもなくなると断言しています。自然は永遠ではない、自然は神ではない、消え去るものだと聖書は教えています。

さらにヨハネ黙示録二〇章12〜15節の部分を、特に一点に絞り、注意したいのです。それは、天地はあとかたもなくなる、しかし人間は、その固有な存在を死によっても失われない点です。さばきを受ける主体として、死後も、現在の天地があとかたもなくなった後も存在するのです。自然・万物の中で、人間がどれほど掛け替えのない存在として創造されているか明示します。さばきを受け得る者として、人格の尊さが強調されています（「私は、死んだ人々が、大きい者も、小さい者も御座の前に立っているのを見た。そして、数々の書物が開かれた。また、別の一つの書物も開かれたが、それは、いのちの書であった。死んだ人々は、これらの書物に書きしるされているところに従って、自分の行ないに応じてさばかれた……」）。

（3）大胆さを持つ

四章17節で、「それは私たちが、さばきの日にも大胆さを持つことができるためです」とヨハネはさらに明言します。死後のさばきに対し、大胆さを持って備え得ると言うのです。しかし手紙を受け取る人々が大胆さを持ち得るのは、彼らが何かをなし得たからでも、見所があるからでもないのです。そうではなく、信じ告白している、神の御子イエスの故です。世の救い主として遣わされた御子イエスが十字架の上でなし給うた救いの御業の故です。主なる神の一方的な恩寵のみにより、大胆さを持ち得るのです。主イエスが私たちの受くべきすべてを身代わりとして受けてくださったため、私たちは罪の奴隷の立場から解き放たれ、自由な者とされているのです。主イエスの尊い犠牲、高価な代価の故に、私たちは無償で愛されているのです。ありのままの私たちが罪赦され、神の子として受け入れられるのです。信仰の目を自分自身にではなく、ただ主イエス・キリストご自身に注ぐことによってだけ、私たちは大胆さを与えられます。そして詩篇の詩人と共に、喜びに満たされ歌うことを許されるのです。

「主はわが巌《いわお》、わがとりで、わが救い主、
身を避けるわが岩、わが神。
わが盾、わが救いの角《つの》、わがやぐら」（詩篇一八2）。

18節では、主イエスの故に、恐れから解き放たれている喜びを、ヨハネは愛と恐れの対比で明示します（「愛には恐れがありません。全き愛は恐れを締め出します。なぜなら恐れには刑罰が伴っているからです。恐れる者の愛は、全きものとなっていないのです」）。

［3］この世にあっても

（1）「この世」の重視

さらに四章17節後半において、「なぜなら、私たちもこの世にあってキリストと同じような者であるからです」と、「この世」にある日々、私たちで言うなら、今週の歩みが重視されています。

ヨハネの手紙第一全体を通じ、「この世」は、大切なものとして重視されています。確かに、「世をも、世にあるものをも、愛してはなりません」（二15）とか、「世と世の欲は滅び去ります」（二17）など、この世を否定しているように見える表現もあります。しかし、これは、神を認めず、神の恵みを受け入れようとしない「世」の姿についての描写です。

さらに「この世」が神の恵みにおいてどのように見られているか明示。「神はそのひとり子を世に遣わし」（四9）給うたのです。「この世」は、御父が御子を派遣し、そこで救いの御業を推し進められる場、神の救いが展開されている場です。何よりも「御父が御子を世の救い主として遣わされた」（四14）と宣言されています。「この世」は、主イエス・キリストにより救いを与えられる対象として、とても大切に見られています。「この世」を軽視したり、無視することは許されません。主なる神の御前で、この世は大切なのです。

（2）「キリストと同じような者」

次に、「キリストと同じような者」について。中心は、徹頭徹尾、主イエスご自身です。主イエスは、聖書が明示しているようなお方なので、主イエスとの生きた係わりで、キリスト者・教会も、主イエスに結びつけられているとの意味です。主イエスの恵みの故、キリスト者・教会の上に、一方的な神の恵みが現実となっているのです。この点をヨハネは繰り返し強調しています（参照：二6、三2、3、7、16など）。

これらの中で、三章2節で見た、「いまだ」、「やがて必ず」との約束・希望を思い起こしたいのです。その恵みと共に、四章17節の今、すでに、主イエスの一方的な御業の故に、現に驚くべき恵みを受けています。

［4］結び

(1) 今朝、私たちは、四章17〜18節を中心に確認できました。ただ主イエスの救いの御業、一方的な神の恵みに目を据えることにより、やがて必ず私たちの上に成就する希望に満たされるのです。そしてこの希望に生かされ、私たちは、本来の歩みをなし得ます。

(2) しかも「いまだ」「やがて必ず」の恵みだけではないのです。今、すでに、この世にあっても恵みを注がれているです。私たち一人一人も、群れ全体も、「このことによって、愛が私たちにおいても完全なものとなりました」と告白することが許されています。この恵みに生かされ、今、それぞれの場へ向かいたいのです。

（二〇〇一年七月二九日　主日礼拝）

目に見える兄弟を（Ⅰヨハネ四章19～21節）

[19] 私たちは愛しています。神がまず私たちを愛してくださったからです。[20] 神を愛すると言いながら兄弟を憎んでいるなら、その人は偽り者です。目に見える兄弟を愛していない者に、目に見えない神を愛することはできません。[21] 神を愛する者は、兄弟をも愛すべきです。私たちはこの命令をキリストから受けています。

［1］序

（1）八月の第1主日礼拝、明日から夏の伊江島中高キャンプです。八月九日（木）～一一日（土）は、石垣、西表コース。夏の特別なプログラムの中でも大切な一つです。

（2）今朝はⅠヨハネ四章19～21節に集中したいのです。これは、四章7節、「愛する者たち。私たちは、互いに愛し合いましょう」で始まる箇所の結びにあたります。19節は、神の愛の先行性、20～21節は、神の愛への応答としての兄弟愛について。

[2]「神がまず」、神の愛の先行性（19節）

（1）「私たちは愛しています」

ヨハネは、17～18節で恐れと愛との対比をはっきりさせた直後、「私たちは愛しています」と、恐れではなく、愛こそ手紙を受け取る群れを一つとする基盤であり、キリスト者・教会は、愛の共同体として生かされている事実を明言します。

しかし17～18節で明らかにされている恐れに打ち勝つ愛は、神ご自身が源泉。神の愛を受けて初めて、キリスト者・教会は真に愛し得るのです。「神がまず私たちを愛してくださったからです」と、ヨハネは神の愛が常に先手である事実を宣言します。「神がまず私たちを愛してくださった」、この根拠があって初めて、「私たちは愛しています」と、キリスト者・教会の間での愛の現実が成り立つのです。

（2）「神がまず私たちを愛してくださった」

神の愛に根差す、愛の共同体としてのキリスト者・教会の二つの特徴に注目したいのです。

①自発性

主なる神が自分のような者に愛を注いでくださる事実を身に受けるとき、キリスト者・教会は、主なる神を愛し、さらに互いに愛し合う（四10～11）、神の愛に応答する恵みに導かれます。これは、神の愛を知らされた者からの当然な、自発的応答です。しかもその応答できること自体が恵みなのです（参照：Ⅰコリント一五10）。

②持続性

神の愛は持続的なものです。主なる神は、私たちのうちに働きかけてくださり、私たちのような者が実を結ぶように忍耐をもって導いてくださいます。この恵みは、一時的なものではなく、ヨハネ一五章16節に見るように、植物が実を結ぶ経過にたとえられるものです（「あなたがたがわたしを選んだのではありません。わたしがあなたがたを選び、あなたがたを任命したのです。それは、あなたがたが行って実を結び、そのあなたがたの実が残るためであり、また、あなたがたがわたしの名によって父に求めるものは何でも、父があなたがたにお与えになるためです」）。

［3］兄弟愛を通し、神の愛への応答

（1）「あなたがたを惑わそうとしている人たち」（二26）の主張に、ヨハネはここでも対決しています。

①惑わそうとしている人たちの主張。彼らは、自分たちが特別な知識を持ち、自分たちこそ神を知り、愛していると誇っていたと推察できます。しかし実際には目に見える人々を彼らは見下し、ないがしろにして目をくれようともしないのです。こうした彼らに対して、兄弟を無視したり、憎むなら、神を愛しているとは決して言えない、神への愛と兄弟への愛は、切り離すことができないとヨハネは明言しています。

②目に見えない神への愛は、目に見える兄弟への具体的な愛を通して現実のものとなります。目に見える兄弟を無視したり、まして憎んだりしておりながら、目に見えない神との直接的な関わりを主張することは、偽りだとヨハネは断じます。「あなたがたを惑わそうとしている人たち」(二26)は、少なくとも以下の三つの点で根本的に誤っていると言えます。

(イ) 神の超越性。Iテモテ六章16節。神の超越性を十分に認めず、自分たちは神と直接的な交わりを持つと主張する点。

(ロ) 主イエス・キリストにおける、神の特別な顕現。主イエスのみを通し、父なる神へ。ヨハネ一章18節。この恵みを彼らは否定。

(ハ) 主イエスに対する態度と目に見える兄弟姉妹に対する態度は、切り離せない。マタイ二五章10節。この点を彼らは認めないのです。

（2）神を愛する者は、兄弟をも愛すべき。

①神がまず私たちを愛してくださった。神の愛への応答として、神を愛する恵み。しかし神を愛する者は、神がその独子《ひとりご》を給う程まで愛してくださっている人間・兄弟を愛することなくして、神への愛を全うすることはできないのです。主なる神が弱い私たちに配慮してくださり、愛の対象として、兄弟を与えてくださっているのですから。

②私たちは、この命令を主イエスから受けています。

兄弟愛。これこそ、主イエス・キリストから直接与えられている新しい戒めです。神についての知識は、兄弟愛についての神の命令に対する服従と切り離せないのです。神への愛は、具体的には、兄弟愛の行為として、ヨハネ一三章34節（「あなたがたに新しい戒めを与えましょう。あなたがたは互いに愛し合いなさい。わたしがあなたがたを愛したように、そのように、あなたがたも互いに愛し合いなさい」）に示されます。

［4］結び

二つの極端な考え・主張からの解放。神の愛の確認、神の愛への応答は、具体的に人間関係を通して。

（1）神が私たちを愛してくださっている、神の愛の先行性を無視して、直接人間に対する態度をすべての基盤と考え、主張するヒューマニズム・人間愛、人類愛。漠然《ばくぜん》と人類を愛せると思っても、実際に自分の側にいる個人を愛せない場合が、少なくない現実。ヒューマニズムの挫折を見ます。

（2）神からの人への愛に対する、人から神への愛の応答。しかし、神への愛が隣人への愛と具体的に広がらないなら、それは観念的なものになってしまう。

以上に対して、神からの愛を確認し、人々への愛へと応答して行く道が求められます。その場合、二つの点に注意する必要があります。

①神の愛の確認と人々への応答。両側面。

主日礼拝において、神がまず私たちを愛してくださった事実を確認し、月曜日からの週日の日々、神への愛を、目に見える人々への愛として現していく備え。

また一日の歩みにおいても、個人的に聖書を通し、神からの愛を確認。そして一日の具体的な生活を通して、神への愛は目に見える人々への愛へと広がります。

②地域教会としての首里福音教会、私たちの間における兄弟愛。各家庭内の家族愛がいかに大切か改めて教えられます。私たちの弱さの故に、限られた範囲における実践が基盤となって、隣人愛へ広がる道が開かれます。今朝教えられる愛の本質、Iテサロニケ三章12節に見るように。それは波紋的な広がりです（「また、私たちがあなたがたを愛しているように、あなたがたの互いの間の愛を、またすべての人に対する愛を増させ、満ちあふれさせてくださいますように」）。

（二〇〇一年八月五日　主日礼拝）

信じる者、愛する者（Ⅰヨハネ五章1～13節）①

[1]イエスがキリストであると信じる者はだれでも、神によって生まれたのです。生んでくださった方を愛
する者はだれでも、その方によって生まれた者をも愛します。[2]私たちが神を愛してその命令を守るなら、
そのことによって、私たちが神の子どもたちを愛していることがわかります。[3]神を愛するとは、神の命
令を守ることです。その命令は重荷とはなりません。[4]なぜなら、神によって生まれた者はみな、世に勝
つからです。私たちの信仰、これこそ、世に打ち勝った勝利です。[5]世に勝つ者とはだれでしょう。イエ
スを神の御子と信じる者ではありませんか。[6]このイエス・キリストは、水と血とによって来られた方です。
ただ水によってだけでなく、水と血とによって来られたのです。そして、あかしをする方は御霊です。御
霊は真理だからです。[7]あかしするものが三つあります。[8]御霊と水と血です。この三つが一つとなるのです。
[9]もし、私たちが人間のあかしを受け入れるなら、神のあかしはそれにまさるものです。御子についてあ
かしされたことが神のあかしだからです。[10]神の御子を信じる者は、このあかしを自分の心の中に持って
います。神を信じない者は、神を偽り者とするのです。神が御子についてあかしされたことを信じないか
らです。[11]そのあかしとは、神が私たちに永遠のいのちを与えられたということ、そしてこのいのちが御

子のうちにあるということです。[12]御子を持つ者はいのちを持っており、神の御子を持たない者はいのちを持っていません。[13]私が神の御子の名を信じているあなたがたに対してこれらのことを書いたのは、あなたがたが永遠のいのちを持っていることを、あなたがたによくわからせるためです。

［1］序

（1）先週の主日礼拝では、沖縄で東北を、東北で沖縄を。

（2）今朝は五章1〜13節の味わいの一回目。1〜5節を中心に、『信じる者、愛する者』の主題で。

［2］信じる者

（1）信仰告白の内容・中核（1節「イエスがキリストであると信じる者はだれでも、神によって生まれたのです。生んでくださった方を愛する者はだれでも、その方によって生まれた者をも愛します」）。

①信仰告白の内容・中核。キリスト者・教会が信じる内容、その中核を、「イエスがキリストであると信じる者はだれでも」と、簡潔な形で表現。私たちが主イエスに目を向け、主イエスがどのよう

なお方で、何を語り、何をなし給うたかに意を注ぎ、主イエスを信じ頼り生かされることこそ、キリスト信仰であると明示。この点を、五章5節でも繰り返し、「イエスを神の御子と信じる者」と記しています。福音書が明示している主イエスは、旧約聖書において約束されているメシヤ・救い主、キリストにほかならないのです。福音書が描く主イエスこそ、キリスト・救い主である。これこそ、キリスト者・教会の信仰告白の中心です。

②「神から生まれた者」。

イエスをキリストと信じる信仰は、信じる私たちの功績により与えられるものではないのです。「神から生まれた者」と明らかにされているように、キリスト者・教会は一方的な神の恵みにより選ばれ、導かれているのです。主イエスを救い主と信じる信仰、それは神より賜ったものです。信じる者とされている私たち自身の見所とか性格とかによるのではないのです。あのこと、このことと偶然の連続によるのでもないのです。

ヨハネの福音書一五章16節に見る、主イエスが弟子たちに語りかけておられる、今週の聖句に選んだことばに注意したいのです。

「あなたがたがわたしを選んだのではありません。わたしがあなたがたを選び、あなたがたを任命したのです。それは、あなたがたが行って実を結び、そのあなたがたの実が残るためであり、また、あなたがたがわたしの名によって父に求めるものは何でも、父があなたがたにお与えになるのです。」

今朝、ここに集う私たち。沖縄の先祖崇拝をはじめ様々な宗教の中から、キリスト教を選び、沖縄の数多くの教会の中から、この小さな首里福音教会を私が選び集っている。またここに私たちが出席しているのは、あの偶然、この偶然が重なり合ってのことのように、表面的には見えます。しかしそのように見える一つ一つ、そのすべてのことを通し、主イエスが私たちを選び、導いてくださっているのです。この事実がなければ、私たちは主イエスを信じることもできないし、ここに集うこともできないのです。もう一箇所、ヨハネ六章44節を味わいたいのです。これは、主イエスを信じる人々について、主イエスご自身がお語りになったことばです。

「わたしを遣わした父が引き寄せられないかぎり、だれもわたしのところに来ることはできません。わたしは終わりの日にその人をよみがえらせます。」

そうです。父なる神が私たち一人一人を引き寄せてくださったので、今朝、私たちは、この場所で、このように主なる神を礼拝することができるのです。主イエスを信じ仰いでいるのです。

「信じる者」としていただいた私たちの信仰は、実は、父、御子、御霊なる神から賜わったものです。はじめから徹底的に主なる神の恵みに基づく事実を、ヨハネは「神によって生まれた」と、誤解を恐れないで、思い切って表現しています。

「イエスがキリストであると信じる者はだれでも、神によって生まれたのです」（1節）。

（2）信仰、世に打ち勝った勝利。

世に勝った者とは、イエスを神の子と信じる者（4〜5節）。戦闘の教会の姿・生き方をヨハネは描きます。ここでの「世」は、広い意味。「神の御霊に逆らうものすべて」（カルヴァン、『新約聖書註解』XIV、三〇三頁）、「キリスト者は、彼をおびやかして神との交わりから引き離そうとする、神に反抗する諸力と不断に戦っている」（ヨハネス・シュナイダー、NTD10、三八六頁）。

この現実の中で、キリスト者・教会が勝利するために、まず第一に、信じる者としてのキリスト者・教会の勝利を確信する必要があります（二13〜14節参照）。主イエスは、十字架と復活によって世に勝たれており、キリスト者・教会は、信仰を通し、主イエスの勝利にあずかる者とされています。主イエスが弟子たちに約束なさった約束が明示してように。「あなたがたは、世にあっては患難があります。しかし、勇敢でありなさい。わたしはすでに世に勝ったのです」（ヨハネ一六33後半）。

パウロの生活・生涯からの宣言も、同じ事実を指し示しています。「私は、私を強くしてくださる方によって、どんなことでもできるのです。」（ピリピ四13）。自分自身を見つめるのではなく、主イエスを仰ぎ見るのです。主イエスご自身を通してのみ、自分自身を見、理解するのです。

［3］愛する者

（1）「生んでくださった方を愛する者はだれでも、その方によって生まれた者を愛します」（1節後半）。

ここでは、地上での生活・人間の経験に基づき、主なる神との関係をヨハネは大きく捉えています。

親子と兄弟・姉妹の関係両方を手掛かりに。

①親子の関係。子供が自分を生んでくれた親を慕い、愛する一般的な事実に立つ。人間・私の存在の深いところで支える父母、この父母に対する態度の大切さを教える、モーセの十戒の中核、「あなたの父と母を敬え」（出エジプト記二〇12）。

私が私として存在するために、創造者なる神に用いられた両親（普通の意味での「生んでくださった方」）。ここでの「生んでくださった方」は、明らかに、私たちの存在のさらなる根源である、創造者なる神ご自身を指しています。このお方に目を注がなければ、親子の関係と私の存在そのものについて、真の理解を得ることはできないのです。

◎現代の先端的な人工授精をめぐる事柄など、生命倫理の課題。

②兄弟関係への広がり。「生んでくださった方を愛する者はだれでも、その方によって生まれた者を愛します。

地上での人間関係、経験との類比（……のように）を用いて、創造者なる神との関係ついて、ヨハネは的確に描いています。

私たちの存在の根源、創造者なる神ご自身。イザヤ四六章1～2節に見る偶像礼拝↑↓（鋭い対比）

3～4節、背負われて生きる恵み、その自覚（参照：詩篇一三九篇、特に13～16節）。

本当の意味で、私たちの存在の源、「生んでくださった方」を愛することを許される恵み。この方によって生まれた者をも愛する恵みの広がり。

（2）神への愛と神の命令。
①「私たちが神の命令を守るなら、そのことによって、私たちが神の子どもたちを愛していることがわかります」（2節）（参照：申命記一〇12～13）。
②「神を愛するとは、神の命令を守ることです。その命令は重荷になりません」（3節）。主なる神が戒めを守る力を与えてくださる（参照：マタイ一一28～30「すべて、疲れた人、重荷を負っている人は、わたしのところに来なさい。わたしがあなたがたを休ませてあげます。わたしは心優しく、へりくだっているから、あなたがたもわたしのくびきを負って、わたしから学びなさい。そうすればたましいに安らぎが来ます。わたしのくびきは負いやすく、わたしの荷は軽いからです」）。

［4］結び

（1）信仰、最も深い意味で、人格的関係。

「アバ、父よ」と呼ぶ恵み（ローマ八15、ガラテヤ四6）→キリスト者・教会、主にある兄弟姉妹の交わり。

家族・親族のための執り成し、証、宣教。

学校、職場などの人間関係の中で。

←広がり

(2) 神の命令を守る。

神の命令は、父なる神からの愛。父なる神への愛の故、重荷にならない。

地が中心→太陽を中心、コペルニクス的転換《てんかん》。

自己中心から、神中心の豊かな広がりへ。

（二〇〇一年八月一九日　主日礼拝）

あかしをする方は聖霊ご自身（Ｉヨハネ五章1～13節）②

［1］序

（1）今朝は、八月最後の主日礼拝です。七月の第一主日礼拝において、私たちは、七月、八月の歩みを全体として展望し出発しました。沖縄で生活する私たちにとっても、狭い意味で夏の日々が終わりつつあります。九月からの歩みを、あえて秋の歩みと表現したいのです。今週を、私たちなりに秋へ備えの日々、直接には九月への備えと受け止めて。九月は、四月からの二〇〇一年度の歩みの前半の締めくくり。また一〇月から来年三月までの二〇〇一年度後半に備える月です。目に見える側面では、一〇月二一日の秋の教会総会を心に刻み、総会において、二〇〇一年度前半を回顧し、後半、さらに今後数年の中期的な展望を与えられたいのです。

（2）今朝は、Ｉヨハネ五章1～13節の二回目、『あかしをする方は聖霊ご自身』との主題で、6～

9節の箇所に焦点を絞ります。この箇所で繰り返し用いられている「あかしする」に注意。「あかしする」とは、証言することで、裁判にかかわる用語です。事実を目撃した証人が事実を証言することです。

［2］「この方……イエス・キリストキリスト」（6節　あかしの内容、中心）

（1）前後関係及び「水と血」の意味。

①前後関係。5節は、4節の「世に勝つ信仰」を受けて、「世に勝つ者とは誰でしょう」と問いかけ、「イエスを神の御子と信じる者」だとヨハネは明確に答えています。世に勝つ信仰。そのような信仰の内容・中心は、「イエスはキリスト」（1節）、「神の御子」（5節）との信仰告白です。

②「水と血」。水は、主イエスご自身が公生涯のはじめて受けられた水のバプテスマ（マタイ三13〜17、マルコ一9〜11、ルカ三21〜22）を指していると考えられます。

また「血」は、公生涯の最後、十字架の死を指す。つまり、「このイエス・キリストは、水と血とによって来られたのです。」とは、処女マリアを通して真の人として生まれ（受肉）、私たちと同じ人間として生涯を歩み、十字架の上で贖いの死を遂げられ、罪と死に勝利して復活なさったお方。そうです。四福音書が生き生きと描く主イエス・キリストご自身のことです。

（2）「あなたがたを惑わそうとする人たち」（二26）の主張。

ここでも、ヨハネは、手紙の受け取り人たちを惑わそうといている、グノーシス主義たちの主張に対し鋭く反論しています。「ただ水によってだけでなく、水と血とによって来られたのです。」「ただ水によってだけでなく」とヨハネが否定すのは、「ただ水にだけ」と主張する人たちがおり、彼らに対して、ヨハネが明確に否《いな》を宣言、反論しているからと見るべきです。

「ただ水によってだけ」との主張する人たちは、人間イエスと天的なキリストを分離していたのです。人間イエスが洗礼を受けたとき、天的キリストが降り、十字架の前に、天的キリストはイエスから離れ、ただ人間イエスが十字架で死なれたと夢想を主張していたと考えられます。

この人々は、肉体や物質を軽視、無視、敵視していたのです。ヨハネは、聖書全体がそうであるように、「初めに、神が天と地を創造した」（創世記一1）と、創造者なる神が、救い主なる神であると明確に教え伝えています。創造者なる神の創造の御業として、物質や肉体を重んじ、現実の歴史を創世者・生ける神が創造し、保持なさっているものであるゆえに、重視し、歴史の中に堅く立つのです。そうです。福音書が描く、主イエス・キリストの十字架の死の尊い意味をしっかり受け止めるのです。

（3）ヨハネ一九章31〜37節。

ヨハネ福音書一九章31〜37節が明示する十字架の場面、特に34、35節に注意し、ヨハネが指し示す十字架の事実を心に刻みたいたいのです。ここに見る主イエスの死は神の子の死であり、それ故十字架の血は罪の赦しを与える贖いの死であるとヨハネは鮮明に描いています。以下の点を留意。

①歴史上一回限りの出来事（参照：ヘブル九12、26節「ただ一度」）。

②十字架の事実とその意味は、聖霊ご自身に導かれる教会を通して、いつでも、どこでも、繰り返し、継続的にあかしさ（伝えら）れて行く。

◎あかし

（イ）目撃者によって。

（ロ）あかしの事実・対象は、主イエスご自身。

（ハ）あかしをするのは、他の人々が主イエスを信じるため。あかしを通して主イエスを信じた人も必然的に新しくあかしする者に。

［3］「あかしをする方は御霊です。御霊は真理だからです」

ここでは、二つのことが課題になります。一つは、主イエスの十字架の事実は誰も否定できない出来事である点。他は、その主イエスの十字架が私にとり、いかに重い意味を持つか、しっかり心に受け止める必要。

（1）ヨハネの手紙全体を通じて、ヨハネが聖霊ご自身をいかに重視しているかを私たちは何回も見てきました。ヨハネの福音書一四章～一六章で、主イエスが聖霊ご自身について約束なさっこと、その成就をヨハネの手紙に見ると言っても過言ではないのです。

A　約束

一四章26節、「すべてのことを教え、……すべてのことを思い起こさせて」

一五章26節、「わたしについてあかしします」

一六章8節以下「誤りを認めさせます」、13節以下「真理に導き入れます」。

聖霊ご自身の賜物は、父なる神からのもの。人間が誇ることはできない。

↓

B　成就

二章20節、「注ぎの油」、知識、教え

四章2節、「人となって来たイエス・キリストを告白」、正しい信仰。

五章6節、「あかしする方は御霊」

徹底的に神中心、誰も誇れない。

（2）ヨハネ一五章26〜27節とIヨハネ五章8〜9節を中心に。

①ヨハネ一五章26節、聖霊ご自身

27節、主イエスの弟子、キリスト者・教会

この両者が共にあかし。

②Iヨハネ五章8〜9節

8節。御霊（キリスト者・教会に即して見れば）、水↓教会の洗礼、

血↓聖餐。つまり御霊と聖礼典に基づく現実の教会。

9節。神のあかしの内容、その中心は、「御子について」。

御霊・聖霊に導かれる主イエスの弟子たちのあかし、その内容は、主イエスの弟子たちが宣べ伝え、新約聖書に書き記しているもの。聖霊と聖書の一致、聖霊と聖書の二本の柱が、教会を形成し、改革する。聖書と矛盾する聖霊の教えなどはない。

［4］結び

今、ヨハネの手紙を読む首里福音教会とは何か。ヨハネの手紙を最初に受け取り、読んだ群れと同様、二つの特徴を持つ群れです。

（1）「交わり」の共同体。

Iヨハネ一章1～4節に見る基盤をもう一度確認。3節の後半には、「あなたがたも私たちと交わりを持つようになるためです。私たちの交わりとは、御父および御子イエス・キリストとの交わりです」とあります。ヨハネの手紙を最初に読んだ人々は、主イエスを信じ、現に父、御子、御霊なる神との交わりに生かされているヨハネと同労者や彼らと共なる礼拝共同体・信仰共同体・あかしの共同体のあかしを通して、同じく「交わり」の共同体として誕生し、困難の中、成長しているのです。

そうです。今ヨハネの手紙を読む私たちも、この三位一体なる神の交わりに源を持つ、聖なる公同の教会の交わりに生かされているのです。

（2）「あかし」の共同体。

聖霊ご自身のあかしに導かれ、主イエスのあかしをなす特権と責任を与えられている群れ・共同体です。聖霊の助けがなければ、人があかしすることはできない。少なくとも、他の人が主イエスを信じるようにはあかしできないのです。徹底的に神中心です。同時に、聖霊ご自身のあかしの故に、私たちのあかしは決して無駄ではない。人々の目や私たちの目にどのように見えても、私たちは忠実にあかしを継続してよいのです。継続すべきです。聖霊ご自身のあかしに信頼しつつ。教会は神の家族、家庭は小さな教会である恵みに立って。

（二〇〇一年八月二六日　主日礼拝）

これらのことを書いたのは（Ⅰヨハネ五章1～13節）③

[1] 序

(1) 九月、五回の主日礼拝。第二主日は、沖縄地区の講壇交換（宇堅福音教会の石川先生が宣教を担当）。第三主日は、敬老礼拝。第五主日は、丸山先生（宣教を担当）です。この柱を大切に九月の歩みを重ね、一〇月二一日秋の教会総会へ備え。

(2) 今朝は五章1～13節の三回目として、まず10～12節、特に11節に集中。次に13節を中心に、ヨハネ自身がこの手紙をどのような明確な目的をもって書き進めたか確認したいのです。この両方を通し、ヨハネが明示する「いのち」、「永遠のいのち」の意味を受け止めたい。これが今朝の課題です。

[2] 「神が私たちに永遠のいのちを」（11節）

前後関係。私たちは、五章6節の後半、「そして、あかしをする方は御霊です。御霊は真理だからです」に注意し、人間のあかしや証言にまさる、神のあかしの確かさを教えられました（9節）。主なる神は真実なお方、誤ることのないお方、約束を必ず守り、成就なさるお方なのですから。

神のあかし、証言の内容をヨハネは11節で明らかにしています（「そのあかしとは、神が私たちに永遠のいのちを与えられたということ、そしてこのいのちが御子のうちにあるということです」）。

「永遠のいのち」、「いのち」ということばは、ヨハネの福音書、ヨハネの手紙の両方で繰り返し用いられていることばです。ヨハネの福音書また手紙で、このことばをどのような「意味」でヨハネは用いているのか吟味《ぎんみ》し、五章11節を味わう手掛かりとしたいのです。

（1）ヨハネの福音書に見る「いのち」

ヨハネの福音書において明示している基盤をまず確認。

①御父は御子をこの世に遣わされた。

全き人となり給うた御子は、人が父なる神によって生かされる事実を身をもって示されています。さらに、御子イエスを通し、主イエスを信じる人々が生かされるのです（参照：ヨハネ六57「生ける父がわたしを遣わし、わたしが父によって生きているように、わたしを食べる者も、わたしによって生きるのです」）。

強調しているのは、この一点。主イエスがこの世に来り給うたのは、私たちにいのちを与えられるため（参照：ヨハネ一〇10、27、28）。

②主イエスを信じる者は、永遠のいのちへ導かれる。

（イ）ヨハネ三章15～16節、父なる神は御子を遣わす→御子を信じる者は永遠のいのちを持つ。

（ロ）ヨハネ一一章25～26節。主イエスは復活、いのち→主イエスを信じる者は、死んでも生きる。生きて主イエスを信じる者は決して死なない。

③ヨハネ六章、主イエスはいのちのパンを与えるお方。しかもいのちのパンとは、主イエスご自身。主イエスはご自身を与える（参照：ヨハネ六54）。主イエスとの生命的、人格的交わり。主イエスと一体とされる恵み。これこそ、聖餐式が指し示す事実。この恵みの事実を聖餐式は目に見える形で現しています。それは、弱い私たちのために、主なる神が備えてくださる恵みの手段なのです。

（2）Iヨハネに見る「いのち」、「永遠のいのち」

①キリスト者・教会の状態についての言及として。

（イ）二章25節。御子及ぶ御父との交わりにとどまるなら、キリスト者・教会の中に成就される神の約束として。

（ロ）三章14～15節。兄弟を愛することと深く結びついて。

（ハ）四章9節。主イエスが、この世に来り給うた結果として。

（ニ）五章16節。死に至らない罪を犯した兄弟のため、祈り与えられる恵みとして。
②より直接的に主イエスご自身と関わり。
手紙の初めに。

一章1節、使徒たちが経験したこと。「いのちのことば」。一章2節、主イエスにおいて、いのちが現れる。御父と共にある永遠のいのち。↓私たち（初めの手紙の読者、今の手紙の読者）。

結びの部分。

五章20節、主イエス、真の神。永遠のいのちとして宣言。五章21節、主イエスご自身を見上げ、仰ぎ望むこと。主イエスについて思い巡らすこと、黙想（参照：IIテモテ二8）。

［3］「これらのことを書いたのは」（13節）

（1）対象、「神の御子の名を信じているあなたがたに対して」、最初の読者。
①神の御子を信じている者、キリスト者。
（イ）ヨハネ一章12〜13節。
（ロ）黙示録三章20節。
神の御子、主イエスを信じるとは、単なる非人格的な知識ではなく、主イエスとの人格的な関係、交わり。意識、祈り、聖書のことばを通してなど。さらに私たちの意識を越え、私から主イエスばかりでなく、主イエスから私に。

②Ⅰコリント一二章3節。聖霊ご自身の助け導きにより、主イエスを信じる。それゆえ、主イエスを信じている恵みについて、誇ることは誰にもできない。また主イエスを信じることは、聖霊ご自身の導きによるものであり、弱いとか小さいとか言って、自分で自分の信仰を見くびることは許されないのです。さらに聖霊ご自身の導きを求め続けるよう励まされています。

(2)目的「あなたが永遠のいのちを持っていることを、あなたがたによくわからせるためです」(13節)。

①自覚、意識の大切さ。見過ごす、見逃すのではなく、意識的に思い巡らし、自覚、認識（心に聖霊ご自身が刻んでくださる）を持つ。

②自覚、意識の内容。今すでに、永遠のいのちを与えられている恵みの事実。当たり前に見えることのうちに、ただならぬ恵み。父なる神は、御子を与え、聖霊ご自身の導きにより、私たちのような者が、「アバ、父よ」（ローマ八15、四6）と呼び、祈ることを許してくださる、驚くべき恵み。

［4］結び

（1）主イエス、神の御子を信じる者としての深い自覚。
父なる神が私たちに永遠のいのちを与えてくださっている事実、このいのちが御子のうちにある。五章12節、「御子を持つ者はいのちを持つ」。いのちとは、キリスト者・教会が、御子イエスとの生命的、人格的な交わりを不断に保つこと。いのちとは、この関係。

ヨハネ一七章1節以下に見る、主イエスの祈り、その内容の深さ、豊かさ。その中でも、一七章3節（「その永遠のいのちとは、彼らが唯一のまことの神であるあなたと、あなたの遣わされたイエス・キリストを知ること」）。
（2）Iヨハネが書かれた目的に従い、今私たちも、これをを読む。その中心を、キリスト者・教会の信仰、日々の成長と捉えて。
①型の大切さ。繰り返す、継続していく（参照：申命記一一七9〜10）。
②苦悩、くびき（マタイ一一29）、困難の大切さ。与えられた立場、持ち場から逃げださない。実を結ぶ木として。木は、動物のように動けない。動かない（ヘブル一〇35〜39）。

（二〇〇一年九月二日　主日礼拝）

神の御心にかなう願い（Ⅰヨハネ五章14～17節）

14 何事でも神のみこころにかなう願いをするなら、神はその願いを聞いてくださるということ、これこそ神に対する私たちの確信です。15 私たちの願う事を神が聞いてくださると知れば、神に願ったその事は、すでにかなえられたと知るのです。16 だれでも兄弟が死に至らない罪を犯しているのを見たなら、神に求めなさい。そうすれば神はその人のために、死に至らない罪を犯している人々に、いのちをお与えになります。死に至る罪があります。この罪については、願うようにとは言いません。17 不正はみな罪ですが、死に至らない罪があります。

［1］序

（1）先週の講壇交換から一週間。長引いた台風のただ中、アメリカからの報道に、二一世紀も容易ならざる時代であると私たちは痛感しました。事件に遭遇した多数の方々やご家族、アメリカのキリスト者・教会の地の塩・世の光としの役割遂行のため特別な導き、そして世界の平和のために私たちも祈ります。

（2）今朝は、Ⅰヨハネ五章14～17節。

九月二日の主日礼拝では、五章13節を中心に見、受信人が「永遠のいのち」を与えられている恵みの事実をしったり自覚すべきこと、これがヨハネの手紙執筆の目的であると確認しました。「永遠のいのち」、「いのち」とは、主イエスご自身と人格的交わりを持つことにほかならないのです。さらに主イエスとの交わりを中心とした、兄弟姉妹の交わり。そうです、「聖徒の交わり」にとり、父なる神の御前に出て、兄弟姉妹のため執り成し祈ることは、決定的に大切です。15節では、祈り一般、16～17節では、特に兄弟姉妹のための執り成しの祈りについて、ヨハネは力を込めて教えています。

［2］「神のみこころにかなう願いをするなら」（14～15節）

（1）祈りと確信、祈りの基盤、神のみこころを祈る（14節）。

①祈りと確信。

ヨハネ、また全聖書が祈りについて教えていることの大切な一つは、祈りと確信の関係です。確信しつつ祈るのです。また祈りつつ確信を深めるのです（参照：三21～22）。

この点についても、ヨハネの福音書、特に一四～一七章に見る、主イエスが弟子たちに集中的に教える箇所を参照したいのです。

一四章13～14節、主イエスの御名による弟子たちの祈り。

一五章7節、一六章23節。

②確信の根拠（「神のみこころにかなう願い」）。

神のみこころを祈る。

↓ ↑

自分の願望、欲望。

神のみこころを、自分の意志とする従順の道。祈りは、単に知的、感情的、意志的な事柄ではなく、さらにそれらの根底にある「心」にかかわるもの。人間・私の最も内面にかかわり、どんなことより全人格的なものです。父なる神のみこころを私の心とする課程を含みます。

③「神のみこころ」とはなんであり、どのように知り得るのか。

（イ）神のことばである聖書を通して明確に。

聖書に見る命令、禁止。聖書で、「……しなさい」と命令されていること、また「……してはいけない」

と禁止されていることを通し、主なる神のみこころは示されており、それを祈り求めるのです。

命令に対しては、……できるように、禁止に対しては、……しないように従順に、大胆に祈ります。

さらにみこころの内容が明示されている場合。
◎黙示録四章11節。あらゆるニヒリズムに対して、徹底的な克服。
◎Ⅰテサロニケ四章3～6節。私たちの生き方、生活態度、生涯の在り方。
Ⅰテサロニケ五章16～18節。
(ロ)聖霊ご自身の導きによる祈りを通して。
◎ローマ八章26～27節。父なる神のみこころでなく、自分の願望、欲望を祈る私たちのような者を、
聖霊ご自身がみこころを祈る者へと変えてくださるのです。

エペソ六章1節、報告、入手情報を用いて、祈りの課題の役割と目的。
(ハ)主イエスの御名による祈り。
主イエスが、今、ここで祈られるように、私たちも、御名により、御名を通して祈ります。
◎ヨハネ一五章7節。何をどのように祈るか、指針。参照ゲツセマネの祈り(マタイ二六36～46)。
(2)未来の先取り、歴史を見通し、未来・将来を切り開く(ように見える)生き方(15節)。
①一見、14節の繰り返しのように見える。

しかしここでは、謙遜、服従、自制などのことばで言い表わされる大切なことを指し示しています。主なる神から得られないものを、欲しがらない道、自己中心から解き放たれて行く道です。

②祈り、目に見える現実のみに左右されない。
父なる神のご真実を覚え、委ねて耐えていく。本物の積極的な姿勢。
◎Ⅰペテロ五章6～7節、マタイ一一章28～30節。主イエスのくびきを担う者として、生活、生涯を貫く平安。

③祈りに生きる。
◎マルコ一一章24節。祈りは、未来・将来の先取り。
建物の陰になり、どんな車が来るかわからない。↑↓二階、三階から見て、どんな車が来るかを知る。

祈りだけでなく、キリスト信仰そのものが。ヘブル一一章1節。
◎マルコ一一章25節、祈りは、過去に対しても責任を持つ態度へと導く。

[3]「**神に求めなさい**」（16～17節）

（1）兄弟姉妹のため、執り成しの祈り、16節前半。
①命令。「だれでも兄弟が死に至らない罪を犯しているのを見たら、神に祈りなさい。」

兄弟のための祈りは、神の命令であり。父なる神のみこころ。14節に見る、確信をもって祈るのです。

その祈りは、未来を先取りするもの、15節。
②約束。「そうすれば神はその人のために、死に至らない罪を犯している人々に、いのちをお与えになります。」
③具体的な実例。
Ⅱヨハネ1、4節。夫人と子供たちのために、次の世代のための祈り。

Ⅲヨハネ2節。「あなたが、たましいに幸いを得ているようにすべての点でも幸いを得、また健康であるように祈ります。」

(2)「死に至る罪」、16節後半、17節。
①ある特定の聖書箇所が理解困難な場合があることを、私たちは率直に認めます。ここも、その一例。「死に至る罪」とヨハネが呼ぶものが何であるか、この箇所のみから結論を出すことは困難。しかし、その中でも知り得ること、知らねばならないことがあることも注意。
②ある宗教改革者の助言が助けになります。
「人間が神からまったく離れてしまうときの一般的な背教、反逆のこと」を指すのではないかと推察すると同時に、「しかしそれは、そうしばしば起こるものではなく、……だれかを永遠の死にあたると

軽々しく断定してはならない」（カルヴァン、『新約聖書註解』XIIⅣ、三一五頁）と慎みの道を指し示しています。

［4］結び

今朝、私たちは、ヨハネが祈りついて教えている箇所を味じわいました。以下三つの点だけに限り、私たちの応答としたいのです。

（1）首里福音教会は、なにか、なにであるべきかの確認。

「すべての民の祈りの家」。

（参照：マタイ二一12～17。イザヤ五六7からの引用。イザヤ書における前後関係、文脈を注意）

（2）一人のために継続的に祈る、執り成され、執り成す者として。

（3）個人的な執り成しの祈りをなす牧会者となれるように、今の牧会者のために、次の牧会者のために祈る。

（二〇〇一年九月一六日　主日礼拝）

この方こそ（Ⅰヨハネ五章18～21節）

[18]神によって生まれた者はだれも罪の中に生きないことを、私たちは知っています。神から生まれた方が彼を守っていてくださるので、悪い者は彼に触れることができないのです。[19]私たちは神からの者であり、全世界は悪い者の支配下にあることを知っています。[20]しかし、神の御子が来て、真実な方を知る理解力を私たちに与えてくださったことを知っています。それで私たちは、真実な方のうちに、すなわち御子イエス・キリストのうちにいるのです。この方こそ、まことの神、永遠のいのちです。[21]子どもたちよ。偶像を警戒しなさい。

〔1〕序

（1）今朝は、九月の第四主日。去った一週間を、主イエスにあって回顧し、迎える一週間を展望しようとしています。首里福音教会の群れ全体として、またそこに連なる一人一人として。

首里福音教会の牧師としての私にとり、去った一週間は、二重の事柄を中心に、特に心に残るときでした。

一つは、天田 繋先生作曲、日本二六聖人『長崎殉教オラトリオ』、沖縄公演（二〇〇二年三月二八～二九日、シュガーホール）の実行委員会で、同コンサートをフィリッピン・ケソン市ホテル火災被災者のためのチャリテイー・コンサートとして上演することを決定したことです。T姉から受け取った一通のEメールの波紋という一面からも、またフィリッピンの教会と沖縄の教会の、主イエスにある将来へ広がる交わりの面からも、この恵みをしっかり心に刻んで、二〇〇一年度の後半を歩ませて頂きたいと思いを新たにしています。

もう一つは、多くの方々と同様、九月一一日（火）、アメリカ・ニューヨーク市での事件をめぐる思いです。個人的な経験と重なり、考え祈りを導かれて来ました。一九六三年八月にアメリカ、ボストン近郊の神学校に私は留学、そこでケネディ大統領暗殺のニュースに接しました。その日から、一九六七年十月帰国するまで、ヴェトナム戦争をめぐる、教会と国家の関係の課題を中心に、キリスト者・教会が地の塩・世の光りとして生かされるとは、どのようなことか考えさせられ、教えられました。今回の事件に接し、アメリカのキリスト者・教会が何を祈り、何を語るか主なる神の特別な導きを受け続けるように祈ること、それが主にあって多くのものを受けた、アメリカのキリスト者・教会への応答なのだと判断しています。

私たちはひとりひとり、それぞれの一週間の経験を身に帯びて、この主日礼拝の場に導かれています。この事実を重く受け止めたいのです。そしてこの場で、父、御子、御霊なる神を、聖霊ご自身の導きを受け、霊とまことをもって共に礼拝していのです。

またこの礼拝の場から、主なる神が派遣してくださる持ち場・立場へと進み行き、派遣されたその場で礼拝の生活を継続し、三〇日の主日礼拝に集いたいのです。私は千葉県市川市聖望キリスト教会の主日礼拝で宣教担当に当たる予定ですが。来たらんとしている一週間の展望については、別の機会に。

（2）私たちは、二〇〇〇年一二月から、Ⅰヨハネを主日礼拝で読み進めてきました。今朝は、一応その最後です。主なる神の導きを求めつつ、一〇月四回の主日礼拝では、ⅡヨハネとⅢヨハネを味わいたいのです。今朝配布しましたクリスチャン新聞の切り抜き（ⅡヨハネとⅢヨハネについて書いたもの：本著作巻末に掲載）に目を通して頂ければ幸いです。

また一一月第1主日礼拝から、ヘブル人への手紙を読み進めたいと願っています。お祈りください。

［2］幾つかのことごと

ヨハネは、手紙の最後に執筆の目的を明記し（五13）、18～21節では、「私たちは知っています」との表現を、三回繰り返し（18節、19節、20節）、重要な教えを要約し記しています。

①「神によって生まれた者はだれも罪の中に生きないことを、私たちは知っています」（18節）。
②「私たちは神からの者であり、全世界は悪い者の支配下にあることを知っています」（19節）。
③「しかし、神の御子が来て、真実な方を知る理解力を私たちに与えてくださったことを（私たちは）知っています」（20節）。

以上のことごとついては、詳しく見ることはいたしません。ただ20節後半に焦点を絞り味わいたいのです。

［3］「この方こそ」

（1）「この方こそ」（20節後半）

①「それで私たちは、真実な方のうちに、すなわち神の御子イエス・キリストのうちにいるのです」。20節前半では、神の御子が来て、理解力を私たちに与えてくださった事実を指摘しています。ここでの理解力とは、聖霊ご自身により私たちに与えられたもののことです（参照：二20以下、27節）。与えられた目的は、「真実な方」を知るため、つまり、真の神認識を受けるためです、神についての正しく、深く、豊かな知識を与えられるためには、神の御子が与えてくださる理解力は不可欠なのです。

←移行、知識、理解力だけでなく。

さらに、神と神の民の一体性。これは、真の神認識・知識に基づき、正しい知識と切り離すことはできない。しかしそれは単なる知識を得ること、物知りになることではないのです。最も大切なことは、神と神の民が一つにされる、深い人格的な交わりを与えられる事実です。この事実はヨハネの福音書で、接ぎ木のたとえを用い描かれています（参照：ヨハネ一五1以下、ローマ一一16〜24）。

②「この方こそ、まことの神、永遠のいのち」。「まことの」とは、みせかけや偽りに対比して。ここで「まことの神」は、主イエスを指しています。真実な方とは、一般的には、父なる神について（参照：ヨハネ一七3、Ⅰテサロニケ一9）。

この箇所で、父なる神について描いていると同じことばや表現で主イエスについても描いている事実に注意する必要があります。さらに以下の実例に見るように、主イエスは、まさに父なる神と同じく神（神性を持つ）として描かれています。

父なる神について、黙示録六章10節、「聖なる、真実な主よ」、主イエスについて、黙示録三章7節、「聖なる方、真実な方、ダビデのかぎを持っている方」、「永遠のいのち」（参照：ヨハネ一七3、Ⅰヨハネ五13）

（2）「子供たちよ。偶像を警戒しなさい」（21節）

締めくくりとしての戒め。本書の目的は、神と人との人格的交わりの確立と広がりです。神の愛にあって、人と人の交わりも波紋のように広がり続けることです。この恵みを妨げるものを直視し、ヨハネは最後の戒めを与えています。

①「偶像」。広い意味で、文字通りの偶像だけでなく（参照：エペソ五5）。

創造者なる神の位置を占めようとするあらゆるもの。

直接的には、この手紙で一貫してヨハネが対決している、「惑わす者」（二26）の偽りの教え。主イエスの受肉を否定するあらゆる教えに対して、ヨハネは厳しい警戒を最後まで緩《ゆる》めないのです。

②「警戒しなさい」。

五章18節に見る恵みの約束と、ここで描く各自の個人的な努力の強調は矛盾しません。

［4］結び

父、御子、御霊なる神の愛の交わりに与かる驚くべき恵みの提示、これが福音、喜びのおとずれです。主イエスにおいて、父なる神との交わりへと聖霊ご自身が私のような者を導いてくださる。まさに聖霊の交わり（IIコリント一三13）なのです。

この恵みの交わりを妨げる偶像を警戒せよ。そうです。戦闘の教会としての自覚と実践です。

（二〇〇一年九月二三日　主日礼拝）

【ヨハネの手紙　第二】

あなたの子どもたちの中に（Ⅱヨハネ1～6節）

[1]長老から、選ばれた夫人とその子どもたちへ。私はあなたがたをほんとうに愛しています。私だけでなく、
真理を知っている人々がみな、そうです。[2]このことは、私たちのうちに宿る真理によることです。そし
て真理はいつまでも私たちとともにあります。[3]真理と愛のうちに、御父と御父の御子イエス・キリスト
から来る恵みとあわれみと平安は、私たちとともにあります。[4]あなたの子どもたちの中に、御父から私
たちが受けた命令のとおりに真理のうちを歩んでいる人たちがあるのを知って、私は非常に喜んでいます。
[5]そこで夫人よ。お願いしたいことがあります。それは私が新しい命令を書くのではなく、初めから私た
ちが持っていたものなのですが、私たちが互いに愛し合うということです。[6]愛とは、御父の命令に従っ
て歩むことであり、命令とは、あなたがたが初めから聞いているとおり、愛のうちを歩むことです。

［1］序

（1）今朝は、一〇月の第一主日。二〇〇一年度後半最初の主日礼拝です。二一日（日）には、秋の

教会総会。今年度後半は、教会総会をはじめ、首里福音教会の今後の歩み、少なくも中長期の展望をしっかりとなすべき大切なときであり、期間です。十月も主日礼拝を中心に、一日一日礼拝の生活を大切にしながら、秋の教会総会に備え、また二〇〇二年四月からの歩みのため整えられたく願います。

(2) 一〇月の第一と第二主日礼拝ではヨハネの手紙第二を、第三と第四主日礼拝では、ヨハネの手紙第三を読み進めていく予定です。

ヨハネの手紙第二の主題と内容は、基本的には、ヨへネの手紙第一と同じで、「真理と愛」(3節)を二本の柱としています。愛については、「互いに愛し合う」(5節)ようにと、兄弟愛の実践を率直に勧めています。また真理については、信仰告白の中心、「キリストの教え」(9節)の内容として、「イエス・キリストが人として来られたことを告白」(7節)することを特に取り上げ強調し、主イエスの受肉を否定する人々への態度についての警告(10節)を与えています。ですから、一面から見れば、今まで味わってきた、ヨハネの手紙第一の要約・総括《そうかつ》と言えるでしょう。今朝は、まず手紙の前半を見て行きます。

[2]「選ばれた夫人とその子どもたちへ」(1節)

確かにヨハネの手紙第一と内容は基本的に同じですが、ヨハネの手紙第二の表現形式は第一のそれとは異なり、当時の一般的な手紙の形式に従います。たとえば手紙の書き出しは、「長老から、選ばれた夫人とその子どもたちへ」（1節）と、発信人と受信人を明記しています。

（1）受信人―「選ばれた夫人とその子どもたへ」

注目したいのは、「選ばれた夫人とその子どもたち」と呼ばれている受信人についてです。この呼称が誰また何を指すか、二つの理解。

①特定の、現実の婦人。

一つは、特定の夫人を指すとの理解です、この女性は、「自分の家庭をよく治め、十分な威厳をもって子ども従わせ」（Iテモテ三4）、子どもを主イエスに導く責任を果たしていた方であるとの理解です。この場合、「その子どもたち」とは、文字通り、その夫人の子どもたちのこと。

②ある特定の地域教会の擬人化《ぎじんか》

もう一つは、「選ばれた夫人とその子どもたち」は、或る特定の教会を擬人化しているとの見方です。この場合「こどもたち」とは、その特定の教会の教会員を指すと理解します。教会の姿を母のイメージで捉え、「母なる教会」（ガラテヤ四19、25節。Iテモテ一2）と呼ぶのは、大切な教会についての理解の一つです。

（2）「あなたがたの子供たちのなかに」（4節）、ヨハネの手紙第二全体の中で4節の位置と内容。

①4節の位置

3節で、ヨハネは、「真理と愛のうちに、御父と御父の御子イエス・キリストから来る恵みとあわれみと平安は、私たちとともにあります」と一般的な確信を述べています。しかし4節では、「あなたの子どもたちのうちの中に」と、今現実となっている、恵みの事実をヨハネは指摘しています。この4節に見る恵みの事実に立ち、ヨハネは、5節の勧め、「私たちが互いに愛し合うこと」を与えています。またこの恵みの事実に立ち、10節に見る警告も発しています。

②内容

内容の中心は、「あなたがたの子どもたちの中に、真理のうちに歩んでいる人たちがある」とあるように、信仰の継承《けいしょう》・バトンタッチの事実。この事実を「私は非常に喜んでいる」と、ヨハネは大いに喜んでいます。

［3］初代教会における、信仰の継承・バトンタッチ

今週の聖句において見た、ロイス、ユニケ、テモテへと受け継げられた実例（IIテモテ一5）。またピレモン、アピヤ、そしてアルキポ（ピレモン1～2節）と紹介される家庭で、「姉妹アピヤ」、――おそら

くピレモンの妻 ——の場合のように、初代教会おいて信仰継承に果たす女性の役割は注目すべきものです。この初代教会の家庭に見る信仰教育の実践の根底にあるのは、旧約以来（参照：申命記三一9〜13）一貫している、子どもの教育に対するは責任は主なる神から委ねられたものとの教えであり、確信です。現代で言えば、国家、地域、企業などの教育に先行するものとして、親に委ねられた教育の責任であり、特権です。

（1）旧約聖書から一貫している基本線。

それは家庭における聖書の教育です。また家庭における教育と平行して実践されるべき教会における教会教育です。これらは、神から委ねられた責任であり特権なのです。国家、企業、地域社会による教育などより優先します（申命記三一9〜13に見る実例を注意しいのです）。

（2）Ⅱテモテ一章5節に見る実例。

ロイス、ユニケ、テモテへと恵みのバトンタッチ。

まず子供たちが信仰告白に導かれるように。そして子供たちが。自分の子供、つまり孫へ信仰を継承できるように。子供たちが親として責任を果たせるように、背後で執り成す責任。それは、以下に見るⅡテモテ二章2節の原則に従うものです（「多くの証人の前で私から聞いたことを、他の人にも教える力のある忠実な人たちにゆだねなさい」)。そのためには、1節の勧めに堅く立つ必要があります。「キリスト・イエスにある恵みによって強くなりなさい」。

(3) ピレモンへの手紙1~2節に見る愛する同労者ピレモン、姉妹アピヤの家庭における実例。成長した子供が、パウロにより戦友アルキポと呼ばれる存在となっています。コロサイ四章17節「アルキポに、『主にあって受けた務めを、注意して果たすように。』と言ってください」。

[4] 結び

首里福音教会における婦人から子供へ、母なる教会の大切な実践。

(1)各家庭において。親から子への関係を中心に、兄弟・姉妹へ、子から親へとキリスト信仰の伝達。家庭伝道、何よりも重視される、主なる神の恵みの方法。何よりも重視して行く、神様の原則。

(2) 首里福音教会として。教会学校の現実の中で、幼稚科、中高科のために。主日礼拝と子供たち、現在から将来へ。

(二〇〇一年十月七日　主日礼拝)

キリストの教えのうちに（IIヨハネ7～13節）

7なぜお願いするかと言えば、人を惑わす者、すなわち、イエス・キリストが人として来られたことを告
白しない者が大ぜい世に出て行ったからです。こういう者は惑わす者であり、反キリストです。8よく気
をつけて、私たちの労苦の実をだいなしにすることなく、豊かな報いを受けるようになりなさい。9だれ
でも行き過ぎをして、キリストの教えのうちにとどまらない者は、神を持っていません。その教えのうち
にとどまっている者は、御父をも御子をも持っています。10あなたがたのところに来る人で、この教えを持っ
て来ない者は、家に受け入れてはいけません。その人にあいさつのことばをかけてもいけません。11そう
いう人にあいさつすれば、その悪い行ないをともにすることになります。12あなたがたに書くべきことが
たくさんありますが、紙と墨でしたくはありません。あなたがたのところに行って、顔を合わせて語りた
いと思います。私たちの喜びが全きものとなるためにです。13選ばれたあなたの姉妹の子どもたちが、あ
なたによろしくと言っています。

（1）今朝は、十月の第二主日の礼拝。午後には、定例の役員会。二一日の秋の教会総会を前に、総会のための最後の備えです。役員会の歩みが教会員の祈りに支えられつつ進められ、その責任を果たしていく。役員会が秋の総会に備えることに示されているように、地上を旅する神の民としての首里福音教会の現実的な事柄について判断と実行がなされていく。そのことにより群れ全体と各自が本来あるべき、信仰の戦いにより専念できるように整えられる。教会全体と役員会の生きた関係の体現を求め祈りつつ、今朝の礼拝のときを過ごしたいものです。

（2）今朝は、先週に引き続き、ヨハネの手紙第二を味わいます。後半、7〜13節に意を注ぎます。5節において、「私たちが互い愛し合う」、6節では、「愛のうちを歩むことです」と愛の勧めを繰り返し強調し、ヨハネはもう一度確認しています。このように大切な愛の戒めを念頭に置きながら、7〜13節では、ヨハネは真理に焦点を絞って行きます。

［2］「よく気をつけて」（8節）

（1）「人を惑わす者」（7節）の中心的な主張。
ヨハネの手紙第一において繰り返し言及している「あなたがたを惑わそうとする人々」（Iヨハネ

二26）と同じ主張を、ヨハネはここでも取り上げています。彼らの中心的な問題点は、7節に見るように、「イエス・キリストが人として来られたことを告白しない」事実です。惑わす者、反キリストの存在を直視し、ヨハネは、主イエスの受肉の恵みの事実を軽視、さらに否定する傾向と、鋭く戦っているのです。信仰の戦いに直面するのは、何も沖縄に限ることではないのです。主イエスの受肉を否定する論敵の主張に対決して、ヨハネはキリストの人性を力強く強調しています。

キリストの受肉・人性について明確な教え、その好例として、一一月から主日礼拝でのテキストとして選ぶ予定のヘブルへの手紙二章14～18節をお読みします。

主イエスは、真の人となられた真の神。この恵みの事実全体を受け入れないで、「人を惑わす者」（7節）は、主イエスの真の人としての側面を否定するのです。肉体ばかりでなく、彼らは物質を軽んじ、無視するのです。その根底において、天地の造り主、統治者なる神を彼らは否定しているのです。ここでも、創世記一章1節が、いかに大切な基盤かを私たちは教えられます。創世記一章1節を信じるか、信じないか、これこそ鍵《かぎ》です。

（2）「よく気をつけて」（8節）

自分自身に目を向ける意味。主なる神の恵みと愛に応答して、実を結んでいるかどうかを吟味《ぎんみ》すること。パウロも、同じ意味の勧めをテモテに与えています。

「自分自身にも、教えることにも、よく気をつけなさい。あくまでもそれを続けない。そうすれば、自分自身をも、またあなたの教えを聞く人たちをも救うことになります。」（Ⅰテモテ四16）。

[3]「キリストの教えのうちにとどま」る（8節）

（1）「キリストの教え」

この意味については、キリストご自身が教えた教えとキリストについての（弟子たちの）教えと、二ついずれの意味にも受け取ることができます。主イエスが教えられた教えに基づき、弟子たちが主イエスについて教えたことを考えれば、二つは実際上は同じと言って良いでしょう。この点を以下の図式で確認。誰も否定できない、聖書に明記している驚くべき宣言。

「わたしが道であり、真理であり、いのちなのです」（ヨハネ一四6）。

◎主イエスの、ご自身についての意識↓主イエスがご自身について教える↓最初の弟子たちが主イエスの教えを信じ伝える↓聖書にこの一連の経過を含め、驚くべき宣言↓私たちは、聖霊ご自身の助けと導きによりこの事実を受け入れ、生き、伝える。

（2）キリストの教えとキリストご自身、不可分。

主イエスご自身と主イエスの教えと切り離せない生きた関係について、マタイ二八章16～20節の記事を注意。「また、わたしがあなたがたに命じておいたすべてのことを守るように、彼らを教えなさい」(20節)。「命じておいたすべてのこと」とは、直接的には、マタイの福音書に記されている、主イエスの教えを指します。さらに広い意味では、聖書全体の教えを指すと見ることができます。その要約を、今朝も、私たちは使徒信条をもって告白しました。

さらに、「また、わたしがあなたがたに命じておいたすべてのことを守るように、彼らを教えなさい。見よ。わたしは、世の終わりまで、いつも、あなたがたとともにいます」(20節)の前半と後半は、堅く結ばれ、切り離すことができないのです。聖書を通して、主イエスの教えを聞き、従うとは、教えを単に知識として受け取り、知識が増えるというような話ではないのです。主イエスの教えを通し、教えと共に、主イエスご自身との生きた人格的な交わり、愛の交わりを保つのです。

（3）「その教えのうちにとどまっている者」

参照：Ⅰヨハネ二章28節、「キリストのうちにとどまっていなさい」。「とどまる」という単語は、ヨハネの福音書一五章1～10節においても、繰り返し印象深く用いられています。

（4）「御父をも御子をも持っています」

ヨハネの福音書一七章に証されている、御父（父なる神）と御子（御子イエス）の、永遠の愛の交わり。その愛の交わりに、一方的な神の愛のゆえに、被造物に過ぎない私たちが呼び入れられているのです。実に驚くべき恵みです。主イエスの教え、主イエスを証言する聖書を、私たちは、聖霊ご自身の助けを受け、日々読み続け、主イエスとの交わりを持つ。

この貴い交わりの道を開くキリストの教えが、いかに大切であるか。10～11節では、「この教えを持って来ない者」（10節）に対する厳しい態度を教えることにより強調しています。

［4］結び

（1）二本の柱、車の両輪のような愛と真理に立ち、私たちも前進。（参照：エペソ四・15「むしろ、愛をもって真理を語り、あらゆる点において成長し、かしらなるキリストに達することができるためなのです。」）

（2）私たち群れ全体としては、主日礼拝での聖書の学びを中心に、水曜、木曜の聖研・祈祷会、さらに教会学校成人科を含めて各クラスや夕拝を通し、聖書の教えを学び歩みを進めています。同時に並行して、各自の聖書の味わい。聖書通読の勧め、方法の一つとして、再度祈りのノートについてお勧めします。愛の勧めに従うと共に、私たちはキリストの教えを学び続ける必要があります。

私たちを信頼し、主なる神が私たちに委ねられている課題は、三つと見ることができますが、三つは一つの課題でもあります。

◎聖書を正しく、深く、豊かに解釈する。

◎聖書で、自分の生活・生涯を正しく、深く、豊かに解釈する。

◎聖書で、世界を正しく、深く、豊かに解釈する。

（3）今週の聖句（ヨハネ八32「そして、あなたがたは真理を知り、真理はあなたがたを自由にします。」）、国会図書館や琉大に刻まれている意味。

「少年よ、キリストにあって大志を抱け」の場合のように、キリスト抜きにならないように。

（二〇〇一年一〇月一四日　主日礼拝）

【ヨハネの手紙　第三】

真理に歩む（IIIヨハネ1～8節）

1長老から、愛するガイオへ。私はあなたをほんとうに愛しています。2愛する者よ。あなたが、たましいに幸いを得ているようにすべての点でも幸いを得、また健康であるように祈ります。3兄弟たちがやって来ては、あなたが真理に歩んでいるその真実を証言してくれるので、私は非常に喜んでいます。4私の子どもたちが真理に歩んでいることを聞くことほど、私にとって大きな喜びはありません。5愛する者よ。あなたが、旅をしているあの兄弟たちのために行なっているいろいろなことは、真実な行ないです。6彼らは教会の集まりであなたの愛についてあかししました。あなたが神にふさわしいしかたで彼らを次の旅に送り出してくれるなら、それはりっぱなことです。7彼らは御名のために出て行きました。異邦人からは何も受けていません。8ですから、私たちはこのような人々をもてなすべきです。そうすれば、私たちは真理のために彼らの同労者となれるのです。

［1］序

（1）今朝の主日礼拝、愛餐会後に、祈り備えて来ました秋の教会総会を開こうとしています。私たちは、主日礼拝を土台として一週間の歩みを始めます。一週間の歩みを、主日礼拝に出席している思いで進めたく願っています。礼拝と生活ではなく、礼拝しつつ生活し、生活しつつ礼拝をする、礼拝の生活を願っています。ですから主日礼拝と秋の教会総会の関係も同じです。主日礼拝にあって、秋の教会総会のため最後の備えをなし、また秋の教会総会に、主日礼拝に出席する思いで参加するのです。総会は、私たちにとり、一つの礼拝の場、礼拝の形なのです。

（2）今朝は、ヨハネの手紙第三の前半1～8節を、1～4節と5～8節に分けて味わいます。

［2］「真理に歩む」（1～4節）

手紙の発信人である長老は、受取人であるガイオがキリスト者として忠実な歩みをになし続けている事実を指摘し、大いに喜ぶのです。

（1）「愛する者よ」

①発信人「長老」と受信人「ガイオ」の関係は、愛を基としたもの。

1節の「愛するガイオ」ばかりでなく、2、5、11節で繰り返し、「愛する者よ」と呼びかけています。1節の後半、「私は、あなたをほんとうに愛しています」では、「私は」に強調点。しかも発信人の長老が愛しているのは、ガイオだけはない。「私はあなたがた（選ばれた夫人とその子どもたち）をほんとうに愛しています」（IIヨハネ1節）とあるように、閉鎖的《へいさ》ではなく、広がりを持つ愛。さらに愛する側も、「私だけでなく、真理を知っている人々がみな、そうです」（IIヨハネ1節）と、広がりを持ちます。

主イエスにあって神に愛され、大事にされている事実に基づく、初代教会の兄弟姉妹の愛の関係は、広がりいく（参照：Iテサロニケ三12）。

②愛の内容

（イ）「あなたが、たましいに幸いを得ている」（2節前半）と、長老はガイオの「たましい」に対し深い配慮を払います。ここでの「たましい」とは、知性、感情、意志の背後・底にある、私を私としている、「心」と同じ意味と見てよいでしょう。長老の愛は、彼自身の一番深いところ・心から、ガイオの一番深いところ・たましいに注がれている配慮そのものです。ガイオの一面のみを見たり、自分にどれだけ役に立つかの価値判断ではないのです。ガイオの存在そのもの、ガイオの存在全体に対する心配《くばり》です。

（ロ）「すべての点でも幸いを得、また健康であるように祈ります」（2節後半）。主の祈りにおける、「日毎《ひごと》の糧《かて》を与え給え」との祈りが実践されているのを見ます。いかに大切かを教えられます。

（2）「真理に歩む」（3節）

愛と共に真理を基として、長老とガイオの関係は成り立つ。

①「真理」。「真理」とは、福音の真理。先週学んだ、「キリストの教え」（IIヨハネ9節）に基づく。それは、単なる教えだけではなく、教えと切り離し得ない、主イエスご自身との生きた人格的な関係（参照：マタイ二八20、ヨハネ一四6）。

②「歩む」。単に知識が課題ではないのです。ガイオの、そして私たちの、同じことの繰り返しに見える実践的な日々の歩み、日常生活全体・生涯が長老にとり大切な関心事であり、私たちの課題なのです。

［3］「**彼らの同労者**」（5～8節）

ガイオが自分自身キリスト者として忠実に歩む事実だけでなく、福音（宣教）のためになす働き・生活に対しても、長老は深く感謝。

（1）真実な行ない

今までに、ガイオが福音のためになして来た働き・生活をめぐって。

①「愛する者よ。あなたが、旅をしているあの兄弟たちのために行なっているいろいろなことは、真実な行ないです」（5節）。

（イ）「旅をしている兄弟たち」とは、ガイオが福音宣教のために協力した相手の人々のこと。興味深い直訳として、「兄弟たちに、とくによそものたちにも」（前田訳）。

福音に立つキリスト者・教会は、地域に根差します。しかし同時に、特定の地域にのみ止まり、他の地域との間に壁を築き、閉鎖《へいさ》的にはならないのです。そうあってはならないのです。聖なる公同の教会を信じると告白しているのですから。

（ロ）「いろいろなことは、真実な行ないです」

ガイオがなしていることは、誰かから強制されたものでなく、全く自分から進んでなした自発的な行為です。また多様なことごとでした。直接にはどんなことごとであったか長老は明記していません。しかしどのような性質の行為であったか、マタイ二六章10節のナルドの香油の記事を通し、推察はできます。ガイオは主イエスの愛に応答して、自分らしくなすことのできることをなしたのです。人々の判断からすると、無駄に見えることであっても、感謝と喜びに満たされて。

「真実の行ない」。ここでの真実とは、確実に実を結ぶ意味。確かな、失われない行ないを指します。

黙示録に見る二つの用例。

黙示録二一章5節、「……これらのことばは、信ずるべきものであり、真実である。」ここでの真実は、必ず成就する、必ず現実となる確かなこと。黙示録一四章13節、「……彼らはその労苦から解き放されて休むことができる。彼らの行ないは彼らについて行くからである」。ある人の行為は、その人の死によっても無にならない。

②「彼らは教会の集まりであなたの愛についてあかししました」（6節前半）。「教会の集まり」、福音宣教に従事する人々は、教会に祈られ、支えられて、派遣されたのです。パウロの実例（使徒一三1～3、一四26～27）。

「あかししました」、特定の人々の特定の体験（ガイオにもてなしを受けたこと）→あかし（ことば）。ことばで表現（語られ、書かれる）。そのとき、それは、広く人々の共通のもの、少なくともこの場合、報告を聞いている長老、彼の手紙を最初に読んだガイオたち、そして今読む私たちが、そこに参与できる経験となります。ことばの大切なこと、その広がりや豊かさ。ことばとされることにより、単なる体験ではなく、経験となり継承《けいしょう》され、文化、歴史を生み出すのです（森有正、体験と経験の関係）。

（2）「彼らの同労者」。

今後ガイオがなすべく期待されていること。

①今直面していること、彼らの次の宣教旅行に対して。

②「私たちは真理のために彼らの同労者となれるのです」(8節)。一般化、ガイオだけでなく、直面していることだけでなく、何時でも、どこでも、だれもが。Ⅰコリント一二章12節以下の原則。誰一人、一人ですべてのことをできない。多くの人々の支えによって。誰一人、何の役にもたたない人はいない。他のため、全体のために必要な存在。他の人々、さらに自分の目にどのように見えたとしても。

[4] 結び

今週の聖句に見る、長老とガイオの関係の土台。それは取りも直さず、首里福音教会の基盤、目標です。Ⅱヨハネの手紙3節を味読。さらに、Ⅰヨハネの手紙三章1節をも。パウロも同様な経験をし、同じメッセージを伝えています(参照:Ⅱコリント五14〜15)。

私たちが、真理に歩むためには、真理のことばが生活・生涯と共に伝えられる必要があります。教会学校の教師のため祈りましょう。牧師のためにも。今の牧師ばかりでなく、さらに今から次ぎの牧師のためにも。私たち各自が持ち場、立場でとどまり、真理に歩み続け、御霊の実(ガラテヤ五22〜23)を結ぶことができるように。ヨハネ六章28〜29節。キリスト者・教会とり最も大切で重要な行為、主イエスを信じ続けること。

(二〇〇一年一〇月二一日　主日礼拝)

悪を見ならわないで、善を見ならいなさい（IIIヨハネ9～15節）

9私は教会に対して少しばかり書き送ったのですが、彼らの中でかしらになりたがっているデオテレペス
が、私たちの言うことを聞き入れません。10それで、私が行ったら、彼のしている行為を取り上げるつも
りです。彼は意地悪いことばで私たちをののしり、それでもあきたらずに、自分が兄弟たちを受け入れな
いばかりか、受け入れたいと思う人々の邪魔をし、教会から追い出しているのです。11愛する者よ。悪を
見ならわないで、善を見ならいなさい。善を行なう者は神から出た者であり、悪を行なう者は神を見たこ
とのない者です。12デメテリオはみなの人からも、また真理そのものからも証言されています。私たちも
証言します。私たちの証言が真実であることは、あなたも知っているところです。13あなたに書き送りた
いことがたくさんありましたが、筆と墨でしたくはありません。14間もなくあなたに会いたいと思います。
そして顔を合わせて話し合いましょう。15平安があなたにありますように。友人たちが、あなたによろし
くと言っています。そちらの友人たちひとりひとりによろしく言ってください。

（1）今朝は、聖書と神学のミニストリーの上沼先生に、アメリカまた日本における働きの報告と祈りの課題を伝えて頂き、感謝です。牧師が沖縄聖書神学校、また日本センド派遣会において、またそれらを通してなす働きを、首里福音教会の働きとして祈り支えている私たちにとって、上沼先生の働きは、大切な模範であり、また励ましです。特に二〇〇四年四月から、新しい主任牧師を迎え、私たちは現牧師を主に外部の働きに派遣しようと祈り始めているとき、一つの方向を示される思いです。

（2）昨年一二月第一主日礼拝から、Ⅰヨハネを読み始めて約一年、今朝は、いよいよⅢヨハネの最後。9～15節を、9～10節と11節以下に分けて味わいます。また一一月第一主日礼拝から『ヘブル人への手紙』味読のため、各自それぞれの場で備えをなすのです。

［2］デオテレペス（9～10節）

（1）デオテレペスの問題点。

①「彼らの中でかしらになりたがっているデオテレペス」（9節）。基本原則、マルコ一〇章43～45節。

②「私たちの言うことを聞きいれません。……彼は意地の悪いことばで私たちをののしり」（9～10節）。

③「自分たちが兄弟を受け入れないばかりか、受け入れたいと思う人々の邪魔をし、教会から追い出している」、教室のおしゃべりの例。

(2) 発信人・長老の対処。

①「私は教会に対して少しばかり書き送ったのです」(9節)、すでに。

②彼のしていることを取り上げる。」(10節)、これからも放置しない。

「悪を見ならわないで、善をみならいなさい」ガイオに対して、現実の中で、勧め。現実とは。「光はやみの中に輝いている。やみはこれに打ち勝たなかった」(ヨハネ一5)。

[3]「善を見ならいなさい」(11～12節)

(1)「愛する者よ」との呼びかけ。2節、5節に続き、第三回目の呼びかけ。引き続き、この手紙の中心の勧め。基本的原則。「悪を見ならわないで、善を見ならいなさい」。デオテレペスの実例。その影響力の大きい現実の中で。

(2) 具体的に。しかし同時に、デメテリオ。この人物について、この箇所以外では、新約聖書の他の箇所で言及なし。どのような人物か知り得ない。恐らく、ヨハネの手紙第三をガイオに届けた人物と推察。

（3）見ならう模範

新約聖書においてキリストの模範に従う記述、その中で、Ⅰペテロ二章11節以下に特に注意。「善を行なう」、「苦しみを受け」、「耐え忍ぶ」。主イエスご自身、主人ではなく、しもべ・奴隷の立場で、奴隷の日常生活にとっての模範。

［3］デメテリオについての証言、三重の証言

（1）「みなの人からも」（12節）。

デメテリオが属する地域教会の人々。地域教会の重要性。使徒の働き一六章1節以下。テモテの例。1節、ルステラ、地域名。家庭環境、信者であるユダヤ婦人母、ギリシャ人父。「ルステラとイコニオムとの兄弟たちの間で評判の良い人であった」（2節）。

（2）「真理そのものからも証言」（12節）、二つの可能性。

「真理そのもの」、「真理の基準」。真理の基準に従って、デメテリオは歩む。それ故、真理の基準から見て、彼の歩みは高く評価。つまり、真理そのものからも証言。「真理の御霊」。聖霊ご自身がデメテリオの歩みについて証言なさっている。後者がこの箇所の解釈としてより相応しいと判断。

（3）「私たちも証言しています」（12節）

著者、長老ヨハネたち。聖霊ご自身と弟子たちがそれぞれに証言。両者の関係については、ヨハネ一五章26〜27節。聖霊ご自身について、「わたしが父のもとから遣わす助け主、すなわち父から出る真理の御霊が来るとき、その御霊がわたしについてあかしします」（26節）。弟子たちについて、「あなたがたもあかしするのです。初めからわたしといっしょにいたからです。」（27節）。聖霊ご自身と弟子たち、不可分。聖霊ご自身、弟子たちを用いて。弟子たち、聖霊ご自身の助けと導きによって。

［4］結び

（1）主イエスの弟子たち、初代教会、そして私たちも。弱い者、不完全な者、罪深い者、罪赦された罪人としての自覚。この現実の中で、マルコ一〇章41節以下。

（2）基本的見通し、

ヨハネ一章5節。「光はやみの中に輝いている。やみはこれに打ち勝たなかった」。デオテレペスの存在は事実。悪を見ならうことは可能。しかし、言い訳、責任転嫁をしないように。善を見なろうことも同時に可能。一面だけでなく、両面。一部だけでなく全体。悪い模範もあれば、良い模範もあるのが、私たちが直面している現実。

（3）模範について

主イエスご自身、単に教えられたのでなく、ご自身の生活・生涯を通しての教え。ことばとからだ。ヨハネ一章14節に見る受肉の恵み（「ことばは人となって、私たちの間に住まわれた。私たちはこの方の栄光を見た。父のみもとから来られたひとり子としての栄光である。その方は恵みとまことに満ちておられた」）。

（4）私たち自身、善き模範となり得るように。主イエスを見上げ歩みつつ生活。小さなデメテリオとして、私をも用いてくださる恵みの約束に励まされ、私たちのことばが私たちの生活・生涯となるように祈り、生かされたい。お茶・茶道の場合、日常茶飯事《にちじょうさはんじ》（参照：Iコリント一〇31）。

（二〇〇一年一〇月二八日　主日礼拝）

【所　感】

『ヨハネの手紙　第一』に見る交わり

［1］序

Iヨハネにおいては、「交わり」(コイノーニア)が、手紙の最初に集中的に用いられている点(一3、6、7)、興味深い。以下、ヨハネの手紙の特徴を考慮しながら、①「交わり」と主イエスの受肉、②「交わり」と聖霊ご自身の助けの関係について見たい。

(1) 手紙として。

確かにヨハネの手紙は、パウロの手紙とは形式が違う。例えば、ローマ人への手紙やピレモンへの手紙のように、誰から、誰への手紙であるか、発信人と受信人を明らかにしていない。また最後も手紙のそれにふさわしい言葉で結ばれてもいない。しかしはっきり名前は出てこないけれども、書き手と最初に読んだ人々(「子どもたち」、二1など、「愛する者たち」、二7などが示す、親しい関係にあった特定の人々)、その両方に注意を払い続けて行くことは、何が、どのように、なぜ書かれているか、手紙を理解するための道を開いてくれる。

（2）主題と執筆目的。

ヨハネは、「いのちのことばについて」（1節）と、手紙の主題が何かをを、最初にはっきり提示し、続いて、「このいのちが現われ、私たちはそれを見たので、そのあかしをし、あなたがたにこのいのちを伝えます。すなわち、御父とともにあって、私たちに現わされた永遠のいのちです」（2節）と、「いのちのことば」が主イエスご自身を指すことを示している（参照：ヨハネ一1～18）。

さらにこの主題を中心に、手紙を書く目的について、「あなたがたも私たちと交わりを持つようになるため」（3節）と明らかにする。また一章7節においては、受信人たちのあるべき姿とその根拠を、「神が光の中におられるように、私たちも光の中を歩んでいるなら、私たちは互いに交わりを保ち、御子イエスの血はすべての罪から私たちをきよめます」と提示している。

［2］主イエスの受肉

（1）上記に見るヨハネの立場と異なる論敵の姿を、二章22～26節において、交わりを妨げる者として、以下のような点を挙げヨハネは描く。

①「イエスがキリストであることを否定」（22節）

②「御父と御子を否認」（22節）

③「反キリスト」（22節）

④「御子を否認する者」として、「御父を持たず」（23節）

⑤「あなたがたを惑わそうとする人たち」（26節）

彼らは、「にせ預言者」（四1）とも呼ばれ、受信人たちの信仰生活を揺さぶっている。主イエスがからだ・肉体をもって来りたもうた事実（受肉）を否定する、グノーシス的仮現説の傾向を持つ人々と考えられる。

（2）四章1、2節において、「霊」に対する正しい態度、識別力の必要をヨハネは明言する。

まず識別・見分けの必要を上げ、そのためにどうするか、してはならないこととしなければならないこと指摘する。

①「霊だからといって、みな信じてはいけません」（四1）

してはならないことが何か、ヨハネは警告する。単なる神秘的な現象や事柄に熱中することではない。こんな不思議なことができる、あんな驚くべきことが可能だと人々を引きつけようとする動きに直面しても、なんでも受け入れてよいのではないとヨハネは勧告を与えている。しなくてはならないこと。ヨハネは、してはならないことを勧告するだけではない。「それらの霊が神からのものかどうかを、ためしなさい」と、なすべき事柄として、しっかりした見分ける力の必要を上げている。

②その理由。このように、してはならぬこと、またしなければならないこと両面から、ヨハネは慎重に勧めをなし、その理由を、「なぜなら、にせ預言者がたくさん世に出て来たからです」（四1）と明らかにしている。この点の理解のために、二章18～27節に見る、最初に手紙を受け取り読んだ人々が小さくない混乱に直面していた事実の指摘が助けになる。彼らは困難や障害に直面し、その現実の中で、前進し続けた。この「にせ預言者がたくさん世に出て来」る事態について、主イエスご自身があらかじめ警告なさっておられた。たとえばマタイ二四章9～14節を注意したい。「また、にせ預言者が多く起こって、多くの人々を惑わします」（二四11）と主イエスは指摘なさっている。この指摘通りの現実の中で、受信人たちはしっかりした見分ける力を持つ必要があった。

③識別・見分けの基準

様々な主張や行為に直面し、その真偽をどのようにして見分けることが出来るのか。何を基準・物差しとして判断すべきなのか。ヨハネは、一つの判断基準を指し示している。

（イ）積極的な基準

まず積極的基準を示す四章2節に注目したい。「人となって来たイエス・キリストを告白する霊はみな、神からのものです」。この「人となって来たイエス・キリスト」とは、主イエスの受肉の事実、そしてその出来事の意味理解を含む。主イエスが私たちと同じ肉体をとられた、主イエスの受肉の事実。この事実を信じる信仰がいかに重要であるかをヨハネは強調している。主イエス・キリストはわたしたちを罪から贖うため、罪を別としてわたしたちと全く同じになられ、わたしたちの身代わりとなって十字架で死に、罪と死に勝利し復活なさった。この主イエスにある罪の赦しの福音を信じ、宣べ伝える人であるならば、国籍が違おうが、性別が違おうが、その外何が違っても、「みな」神からのものと実に積極的で広がりを持つ基準をヨハネは示す。あらゆる人間的な差別の壁を越えて「みな」神からのもの、主イエスにある救いがすべてのすべてなのである。

（ロ）もう一つの基準

ヨハネは、積極的な基準を示すだけではない。もう一つの基準、四章3節に見るそれを与えている。「イエスを告白しない霊はどれ一つとして神から出たものではありません。それは反キリストの霊です」とある。どれほど不思議な現象だとしても、あるいは多くの人々を引きつけるものであるとしても。それが「処女マリヤより生まれ、ポンテオ・ピラトのもとで苦しみを受け、十字架につけられ」た「イエスを告白しない」のであれば、それは神から出たものではない。この基準も大切だとヨハネは明言する。人々を主イエス・キリストの救いから離そうとするなら、それはまさに「イエスを告白しない霊はどれ一つとして神から出たものではありません」（四3）とヨハネが鋭く指摘する。

一方においては、「人となって来たイエス・キリストを告白する霊はみな、神からのものです」と積極的に受け留めて行く姿勢。同時に、「イエスを告白しない霊はどれ一つとして神から出たものではありません」と、狭い門から入る側面、そのいずれも大切な基準なのである。主イエスから私たちを離そうとする様々なものが押し迫って来る中で、どこまでも、「人となって来たイエス・キリストを告白」する、この一点に堅くとどまり続ける。それは、主イエス・キリストこそ、現実にすべてのものをご統治なさっているとの告白であり、神の国と神の義を第一にする道である（マタイ六33）。

［3］聖霊ご自身の導き

「私たちとの交わり」（一3）とは、使徒信条で、「聖徒の交わり」と表現している事実であり、主日礼拝の祝祷、「主イエス・キリストの恵み、神の愛、聖霊の交わりが、あなたがたすべてとともにありますように」（IIコリント一三13）と堅く結ばれている。ヨハネは、交わりの根底に主イエスの受肉の事実を見ると共に、聖霊自身の交わりとの関係の中で、受信人たちの姿を、以下に見るように繰り返し描いている。

（1）二章20節「あなたがたには聖なる方からの注ぎの油があるので、だれでも知識をもっています」

と、聖霊ご自身に導かれる幸いをヨハネは示し、受信人たちのあるべき恵みの立場を描く。

①「聖なる方からの注ぎの油がある」（二20）

②「知識を持ち」（二20）、「真理を知る」（21節）

③「御子を告白する者」として、「御父を持っている」（23節）

④二章24、25節の勧めと約束。

「初めから聞いたことがとどまっているなら、あなたがたも御子および御父のうちにとどまる」

⑤「……その油があなたかたに教えたとおりに、あなたがたはキリストのうちにとどまる」（27節）。

⑥「キリストの来臨のときに、御前に恥じ入る」ことのない（28〜29節）

受信人たちは、「あなたがたは聖なる方からの注ぎの油がある」（20節）とあるように、主イエスにあって注ぎの油を受けた者。初めから（Iコリント一二3）、終わりまで御霊の支えのうちに歩みを続ける（参照：ガラテヤ四6、五25）。そのような者として、彼らは「知識を持ってい」る。

⑦本来の知識は、Iコリント八章1〜3節に見るように、愛との不可分の関係。真の知識は、決して愛と無縁ではない。また真の知識は、己の限界を熟知する。

（2）二章27節

「キリストから受けた注ぎの油が」うちにとどまっている受信人は、「だれからも教えを受ける必要が」ない。なぜなら、「その油がすべてのことについて」教える。そして、「その教えは真理」であるとヨハネは指摘する。聖霊ご自身の導きにより、主イエスを心に信じ、口で告白し、生活と生涯において従うキリスト信仰は、知識を軽視したり、無視などしない（参照：箴言一7、Ⅰコリント一30、ピリピ三8）。

（3）三章24節。

「神の命令を守る者」として受信人たちは、御子イエス・キリストの御名を信じ、互いに愛し合う生活を重ねて行く。この神の命令を守る生活・生涯は、父なる神を「アバ、父よ」と呼び、従順に従う徹底的に人格的な関係である。

「神のうちにおり、神もまたその人のうちにおり」

「うちにおる」また「とどまる」と訳されている単語は、Ⅰヨハネに二五回、またヨハネの福音書では四一回も用いられている、ヨハネ特愛のことばの一つ。「神のうちにあり」が第一で、中心。しかしさらに「神もまたその人におり」と、相互関係を示している（参照：二24、27、四13、15）。

「神が私たちのうちにおられるということは、神が私たちに与えてくださった御霊によって知るのです」。賜物としての聖霊ご自身は、受信人たちのうちにあって、正しい信仰告白、正しい認識、正しい生活実践へと導く。それは自己満足からの解放であり、同時に積極的な生き方への導きである。

◎聖霊ご自身と人の認識に対する働きの一つとして、記憶・記録との関係が興味深い、ヨハネ一四章26節に見るように。

聖霊ご自身と知る・記憶・理解・認識の関係。

最初に聞く・読むなど：put　in　［保持／保存］　思い出す・想起：put　out

最も必要なとき、最も適切なとき、聖霊ご自身の助け・導きにより、必要な事柄を思い出す経験。しかし聖霊ご自身が私たちを導いてくださるのは、思い出すときだけではない。最初に聞いたり、読んだりするときにも、聖霊ご自身は助けていてくださる。さらに最初のときから思い出すまでの間の全期間、意識と潜在意識に聖霊ご自身は働きかけくださっている。

（4）四章12～13節

①四章12節「いまだかつて、だれも神を見た者はありません」

十字架の主イエスを通して現れた神の愛、この神の愛から引き離そうとする攻撃を、「あなたがたを惑わそうとする人々」（二26）から受信人たちはは受けていたと推察する。この人々は、自分たちは神について特別な知識を持つと誇り、さらに特別な経験の中で神を見たとまで主張したと考えられる。

こうした主張を意識し、それに対抗して、「いまだかって、だれも神を見た者はありません」とヨハネは宣言している。特別な知識や経験ではなく、主イエスご自身、そして主イエスの十字架こそ、神の愛が人々に現される道であると、ヨハネは明言している。この点について、ヨハネ一章18節に興味深い指摘を見る（「いまだかって神を見た者はいない。父のふところにおられるひとり子の神が、神を説き明かされたのである」）。

前半においては、ヨハネの手紙に見ていると全く同じことを主張し、「いまだかって神を見た者はいない」と指摘している。そしてヨハネの福音書全体で明らかにされいるように、主イエスにおいて、父なる神が明らかにされている事実を一章18節の後半で指し示している。

主イエスにおいて説き明かされた、主なる神の愛が、今や主イエスを信じる人々相互の愛を通して証しされるべきとヨハネは指し示す。

「私たちは互いに愛し合うなら」

惑わす人々が、自分たちの知識や体験に基づき誇るのに対して、ヨハネは、人間の現実生活から離れて空想するのではなく、手紙を受け取る人々の日常生活のうちに実を結んで行く、神の愛を何よりも大切なものとして見、主張する。手紙を受け取る人々が互いに愛し合い、信頼し合い生かされているなら、「神は私たちのうちにおられ」るとヨハネは明言し、それとと共に、「神の愛が私たちにのうちに全うされるのです」と語り継ぎ、強調している（参照：ヨハネ一五5）。

②四章13節

Iヨハネ三章24節と同様、四章13節でも、互いに愛し合うことと御霊の注ぎが堅く結ばれている。

(イ) 主なる神が私たちのうちに、私たちが主なる神のうちにと、主なる神と民の基本関係の中心である、主なる神と民の相互の関係をヨハネは重視する。

(ロ) 御霊は私たちを助けてくださり、主イエスにある父なる神の愛を受け入れることを可能にしてくださる。参照Iコリント一二章3節。そしてこの恵みの関係に生かされている事実を自覚する恵みに導いてくださる。

(ハ) 聖霊と愛の結び付きについては、ガラテヤ五章22、23節を注意したい（「しかし、御霊の実は、愛、喜び、平安、寛容、親切、善意、誠実、柔和、自制です。このようなものを禁じる律法はありません」）。

木が一つの場所にとどまり、時間をかけて実を結ぶように、ヨハネの手紙を受け取った人々も、それぞれが兄弟姉妹の交わり、社会の現実の中に場を与えられており、主イエスと生きた関係、また兄弟姉妹との主イエスにある交わりのうちに成長させて頂き、それぞれにふさわしい御霊の賜物の実を結んで行く。聖霊の賜物の中で第一として、パウロは愛を挙げている。それこそすべての賜物の基盤であり。拡がりや豊かさを支えるもの。

(ニ) このように聖霊ご自身の導きによる愛の交わりの拡がりは、主イエスご自身の模範から弟子たちへ、そして弟子たちからヨハネの手紙を受け取る人々への拡がりと重なる。

主イエスから弟子たちへ
「世にいる自分のものを愛されたイエスは、その愛を残るところなく示された」(ヨハネ一三1)。
「わたしがあなたがたにしたとおりに、あなたがたもするように、わたしはあなたがたに模範を示したのです」(ヨハネ一三15)。
↓
弟子(ヨハネ)から手紙を受け取る人々へ「愛する者たちよ」(Ⅰヨハネ四8)。
↓
手紙を受け取る人々の間で「私たちにも互いに愛し合う」(Ⅰヨハネ四12)。

[4] 結び

(1) 恵みの事実の認識
ヨハネ第一の手紙の受信人は、主なる神がこれほどまで愛してくださっている恵みの事実を、聖霊ご自身の助けにより思い巡らし、認識するように導かれている。

この「思い巡らす」ことについては、詩篇四八篇9節がその意味の理解のためよき手引きを与えてくれる(「神よ。私たちは、あなたの宮の中で、あなたの恵みを思い巡らしました」)。主なる神により与えられた恵みを、思い巡らすことを通して、確かに恵みとして心に刻み、日々の生活の中で受け入れる。

（２）互いに愛し合う。

その人がどれほど役に立つかどうか、自分を中心とした価値判断ではなく、その人がその人として貴い存在であるからとの視点に立つ、人と人の関係。この互いに愛し合う交わりは、相手の働きかけを待つことなく、こちらから先手をとる積極的な働きかけを含む。

（３）Ⅰヨハネに見る交わり、その基盤となるメッセージ

①天と地は、神に創造され、本来、神の栄光を現すもの。決して物質そのものが汚れているのでも、意味のないものでもない。

②主イエスは、罪を除いては、あらゆる面で真の人となられた真の神。主イエスにおいて、主イエスを通して、真の神を知り、真の人間・私を知る。

③受信人たちのからだ・肉体は、それ自体として、汚れているものではない。どうでもよいものではない。まさに主イエスは、この「からだ」をとられ、受信人たちがこのからだで・からだをもって日々の生活・生涯を通して、神の栄光を現す道を開いてくださっている。

（二〇〇二年日本福音キリスト教会連合全国神学委員会『神学のひろば』）

『ヨハネの手紙　第一』に見る神への愛と兄弟への愛

主イエスはわたしたちのように

それでも手紙として

手紙と言えば、パウロの手紙の場合のように、だれからだれへの手紙か発信人や受信人がはっきりし、定形の結びで閉じられるのが普通です。それに比較して、ヨハネの手紙第一の場合は、書き出しも終わりも、随分違い、手紙と思えない程です。

しかし、それでも手紙と呼ばれている点を大切にしたいのです。名前は出てきません書き手（私たちは、ヨハネの福音書の著者と同じ、使徒ヨハネと見る）と最初にこの手紙を読んだ人々（「子どもたち」二1など、「愛する者たち」二7など）、その双方に注意を払い読み続けるなら、この書を深く、豊かに味わうための道を開くことになります。発信人や受信人と共に、手紙がどのような事情、いかなる目的で書かれたかをも探りつつ手紙を通読すると、「反キリスト」（二18以下）、「にせ預言者」（四1）と呼ばれる人々、つまり、「あなたがたを惑わそうとする人たち」（二26）が手紙の読み手（キリスト者・教会）を揺さぶっていた事情が浮かび上がります。惑わそうとしていた人々の実態を、群れの牧者として、ヨハネは決して見逃さないのです。たとえば目に見える兄弟を軽視したり、恨んでいる事実を。

また主イエスが、罪を別にしては、私たちとおなじからだをもって来たもうた、主イエスの受肉を否定する、惑わす者たちの教えの危機性など。それらがいかにはじめの福音から逸脱しているか、ヨハネは鋭く指摘します。

目に見える兄弟

兄弟愛の実績を、ヨハネは手紙の初めから終わりまで、終始一貫して強調しています。これは、手紙を自分で読むだれでもが気が付きます。兄弟愛を主イエスの戒めとしてしっかり受け止めている事実は、ヨハネの福音書とこの手紙を堅く結ぶ絆の大切な一つです。この兄弟愛についての言及の中でも、四章20節後半、「目に見える兄弟を愛していない者は、目に見えない神を愛することはできません」は、特に鋭く私たちに迫ってきます。

「神がまず私たちを愛してくださった」（四19）、この神の愛の基盤があってはじめて、兄弟愛が成り立つことをヨハネは熟知しています。さらに神への応答は、神を愛する恵みに立つばかりでなく、神がその独り子をたもうほどまで愛してくださっている人間・兄弟（ヨハネ三16）への愛と波紋のように広がることを、ヨハネは確信していたのです。ですから、ヨハネの態度ははっきりしています。「あなたがたを惑わそうとする人たち」（二26）が、目に見える兄弟たちを無視したり、まして憎んだりしていながら、自分たちは特別に霊的な知識を待ち、また目に見えない神と直接な交わりを持っているなどの主張を、ヨハネは決して受け入れないのです。目に見えない神への愛と目に見える兄弟への愛は切り離せないと、ヨハネは明言します。また手紙を最初に読んだ人々、今現に読んでいる私たちに、今、ここで、この目に見えるからだで（Ⅰコリント六20参照）と、地についた歩みと進むべき方向を指し示しています。

イエスを信じるとは

聖霊ご自身について、ヨハネは手紙を一貫して、証言しています。特に聖霊ご自身の導きのもとにおける、信仰と知識の美しい調和の実例を描いています（二27）。ヨハネの福音書一四章から一六章に見る、聖霊ご自身についての主イエスの教えに通ずる、聖霊ご自身の働きについての強調です。

しかし同時にヨハネは、警告をも与えています。一見同じく見える、論敵たちの霊の人や霊的知識についての主張。しかし論敵とヨハネの教えの間には、根本的な区別があります。文字通り、似て否なるものです。「霊だからといってみな信じてはいけません」（四1）、してはいけないことがあるのです。「それらの霊が神からのものかどうかを、ためす」（四1）必要があるのです。手紙の受け取り人たちは、決して平坦な道を歩んでいたのではないのです。主イエスご自身についてすら、異なる教えがなされ混乱してしまいそうな中で、的確な識別が求められていたのです。

ヨハネは、明確な基準を与えています。「人となって来たイエス・キリストを告白する霊はみな、神からのものです」（四21）。主イエス・キリストが私たちの罪を贖うため、私たちと全く同じ人間となり、私たちの身代わりとなり十字架で死に、罪と死に打ち勝って復活なさった、この恵みの事実に堅く立つ。どのようなことが言われ、なされても、「イエスを告白しない霊はどれ一つとして神から出たものではありません」（四3）とヨハネは断じます。

今、ここで、このからだで

イエスを信じるとは、「主イエスは、まったく私たちのようになりました。私たちが主イエスのようになるため」と、ある説教者が明言している。主イエスの受肉を聖霊ご自身の働きと導きにより信じることです。あのとき、あそこで、あのからだで生き、死に、復活された主イエスを、今、ここで、このからだで信じることを、今ヨハネの手紙を読む私たちにも、ヨハネは静かに語りかけてくれていないでしょうか。

また、目に見える兄弟についてのヨハネの鮮明なことばが生む波紋も覚えるのです。昨年六月の日本伝道会議。沖縄宣言において、「私たちは主にあって日本を愛するゆえに、この社会に存在する諸問題に関心を抱き、ここに神の愛が実現されることを求めています」と宣言しました。また二月には、溝口正、島崎輝久共著、『愛する国日本のゆくえ——政教分離と君が代の問題』（証言社、二〇〇一年）が出版されました。目に見える日本と目に見えない神の国との関係をどのように受け止めるべきか、目に見える兄弟についてのヨハネのことばが示唆を与えてくれないでしょうか。

（二〇〇一年七月一五日　クリスチャン新聞）

ヨハネの手紙　第三――一章の短さ

愛と真理のうちに歩む

山椒は小粒でぴりりと辛い。短編小説の切れ味と言われるように、小さいことや短いことは、そのものの価値や貴さを損なうものでないと私たちは知っています。

聖書各巻の中でも、ただ一章の短さで、注意を引くものがあります。旧約聖書では、オバデヤ書。新約聖書では、それぞれ鮮明な印象を与えるピレモンへの手紙とユダの手紙、そしてヨハネの手紙第二とヨハネの手紙第三です。

兄弟愛の実践と信仰告白

ヨハネの手紙第三の主題と内容は、基本的には、ヨハネの手紙第一と同じで、「真理と愛」（3節）を二本の柱としています。愛については、「お願いしたいことがあります。それは私が新しい命令を書くのではなく、初めから私たちがもっているものなのですが、私たちが互いに愛し合うということです」

と、兄弟愛の実践が率直に勧められています。また、信仰告白の中心、「キリストの教え」の内容として、「イエス・キリストが人として来られたことを告白」（7節）することを特に取り上げ強調されています。

長老から、選ばれた夫人と子どもたちへ

しかしヨハネの手紙第一と内容は基本的に同じであっても、ヨハネの手紙第二の表現形式は異なり、当時の一般的な手紙の形式に従います。たとえば手紙の書き出しは、「長老から、選ばれた夫人とその子どもたちへ」（1節）と、発信人と受信人を明記しています。

ヨハネの手紙第三の発信人と同様、この「長老」は、ヨハネの福音書またヨハネの手紙第一の用語と内容（真理、愛、人となられた主イエスの強調など）との類似から、晩年の使徒ヨハネを指すと見てよいでしょう。彼は、明らかに、地域の指導者以上の者、また「長老」という名称で、受信人たちがだれそれは誰であるか特定できた人物として登場しています。

注目したいのは、「選ばれた夫人とその子どもたち」と呼ばれている受信人についてです。この呼称が誰を、または何を指すか、大きく見て二つの理解を見ます。

一つは、特定の夫人を指すとの理解です。この女性は、「自分の家庭をよく治め、十分な威厳をもって子どもを従わせている」（第一テモテ三4）、子どもを主イエスに導く責任を果たした方であるとの理解です。この場合、「その子どもたちにとは、文字通り、その子どもを意味します。もう一つは、「選

ばれた夫人とその子どもたちには、ある特定の教会を擬人化しているとの見方で、この場合「子どもたちにとは、その特定の教会の教会員を指すとの理解です。教会の姿を母のイメージでとらえ、「母なる教会」（ガラテヤ四19、26、Ⅰテモテ一2）と呼ぶのは、確かに大切な教会理解の一つです。

信仰教育の実践

いずれにしても、親から子へ、さらに子から孫へとの信仰の継承は、ロイス、ユニケ、テモテへと継承された実例（Ⅱテモテ一5）、またピレモン、アピヤ、そしてアルキポ（ピレモン1～2節）と紹介される過程で、「姉妹アピヤ」、おそらくピレモンの妻の場合のように、初代教会において信仰継承に果たす女性の役割は注目すべきです。この初代教会や家庭における信仰教育の実践の根底にあるのは、子どもの教育に従事する責任は主なる神から委ねられたものとの教えであり、旧約以来一貫した確信です（申命記一一19～13参照）。現代で言えば、国家、地域、企業などの教育に先行するものとして、親に委ねられた教育の責任であり、特権です。

「愛する者よ」

ヨハネの手紙第二と同様、ヨハネの手紙第三においても、「長老から、愛するガイオへ（1節）と、発信人と受信人を明記しています。特に受信人について、「愛する」と呼び、両者を堅く結ぶものは、主イエスにある愛の絆であることを明らかにします。さらにその直後に「私はあなたをほんとうに愛していますと」と強調しています。また「愛する者よ」と短い手紙で三回（2節、5節、11節）も繰り返し呼びかけております。ヨハネの福音書に生き生きと描かれている主イエスの弟子たちに対する愛（ヨハネ一三1）が、主イエスの模範に従う弟子たちを通して（ヨハネ一三14〜15）、波紋のように広がっていく様を見ます。

「善を見ならいなさい」

この手紙においても、愛と同様に、もう一本の柱である真理に焦点が当てられています。愛に根差すガイオが同時に、「真理に歩んでいることほど、私に大きな喜びはありません」と、長老ヨハネは語っています。

愛と真理のうちに歩むガイオが、直面している課題。それは「悪を見ならわないで、善を見ならいなさい（11節）と、実際的なものです。彼の目前には、二人の人物がいます。一人はデオテレペス。「彼らの中でかしらになりたがっている」（9節）と、彼の問題は、「あなたがたの間で偉くなりたいと思う者は、みなに仕える者になりなさい（マルコ一〇43）と明示されている道から逸脱してしまったことにあると長老ヨハネは示しています。

もう一人はデメテリオ、「みなの人からも、また真理そのものからも証言されています。私たちも証言します」（12節）と言われている人物です。この両者を目にしながら、ガイオは、「悪を見ならわないで、善を見ならいなさい」（11節）と勧めを受けているのです。愛の場合（ヨハネ一三1、14～15）と同様、真理の場合も生活と生涯において真理に従う人格・模範を通し拡がる事実を見ます。この手紙が最初に読まれたときも、今読まれるときも。

（二〇〇一年七月二二日　クリスチャン新聞）

対話の神学の実践者、宮村武夫先生

遠藤勝信

勘違いの出会いをも大切にして

それは、ある勘違い？ から始まった。私がボストンに留学していたときのことである。宮村先生からお電話を頂いた。十数年も前のことで、会話の内容は忘れてしまったが、それがはじめての会話であることを意識させない程、温かな対話であった感覚だけは残っている。後で知らされたことだが、そのとき先生は私を、ＴＣＵの卒業生のどなたかと勘違いしておられたそうである。斯くして、ある勘違いから始まった交わりが、このように、いま豊かに展開している不思議を思う。後述するように、そこに宮村先生によって導かれた「対話の神学」の実践がある。

はじめから示されていた対話の主題

声と声でなく、顔と顔との最初の出会いは、帰国後、私が聖書神学舎の舎監をしていたときのことだった。東京にいらっしゃるご用事があり、ついでに聖書神学舎をご訪問くださったのである。羽村駅にお迎えに上がったとき、とても明るい柄のかりゆしを着て、じっと立っておられたお姿が今でも思い出される。お顔には、何か重々しい使命感のようなものが滲み出ていた。突然のご訪問であったため、神学校では校長は不在で、私と赤坂先生の二人で応接室にお迎えした。限られた時の枠を懸命に押し広げ、出来た空間に何かを捩じ込むように、次々と話題を展開し、沢山のことをお話しになられた。教会に、神学校に委ねられた重い使命について。また、それに如何に応えるべきかという実践について。きっと、それは那覇から羽田まで、羽田から羽村までの時間の中で、先生が私たちに語らねばならぬと整理された内容のすべてであったのだろう。

聖書神学舎には、いのちの通った神学の実践、地に根ざした説教の伝統がないと、よっぽど案じておられたのだろう。私たち若い教師二人を聴衆にして、子供にも届くための「童話説教」なるものを実演してくださった。

思い返せば、そのとき語られたことばの一つ一つを、私は、そこから展開する対話の神学において、先生から深く学ばせて頂くことになったのである。

対話としての読書

それから数年経って、先生を神学舎の応接室にではなく、舎監寮の我が家にお迎えした。テーブルに着くや否や、カバンに手を入れ、一冊の本を取り出された。表紙から、それが拙著『愛を終わりまで――最後の晩餐で語られた主イエスのメッセージ』（いのちのことば社、二〇〇八年）であることがすぐに分かった。かなり読み込まれて、少々大袈裟な言い方ではあるが、印象としては、「原形を留めないほど」に膨れ上がっていて驚いた。本を手渡され開くと、全ページ、全行に黒い鉛筆で線が引かれ、不思議な記号が書き込まれ、線と線とが至るところで結び合わされていた。行間にはぎっしりとコメントも書き込まれていた。これまで五冊程の単行本を出版する機会を得たが、自著をそこまで徹底して読み込んで頂いた経験はない。この先生は、本気で私のような者と向き合おうとしておられると、感じ取った。それは、先生との真剣な対話への招きであった。

喜びと痛みの共有を通して

その頃から、沖縄の宮村先生から、宣教報告『恵みから恵みへ』をお送り頂くようになった。互いに近況を報告し合う電子メールのお交わりも始まった。あるとき、ユルゲン・モルトマンが沖縄の諸教会の招きで来日され、先生が講演会の通訳を分担されるということがあった。モルトマンと私の恩師リチャード・ボウカムは旧友の仲。私自身もモルトマンの講義に出たことがあり、その繋がりが、通訳者宮村先生とモルトマンとの意識的距離を僅かばかりであるにせよ、近づけることになったと伺っている。

当時、宮村先生は沖縄で、私は東京で、人生の大きな痛みの時をそれぞれに過ごしていた。そんなとき、誰よりも近くに寄り添い、静かに話しを聴き、よく分かり、みことばと祈りをもって励ましてくださったのは宮村先生である。電話口で、よく祈ってもくださった。私が直面している闘いのため、奉仕のため。兄の病のときに、そして妻の病のときに。喜びと痛みの経験が、対話をより深いものへと導いた。

「対話の神学」の実践

知らぬうちに、自分の考え、言葉となっているもので、出所が宮村先生のうちにあるものが幾つか在る。あるとき、テレビの番組で久米小百合氏と対談したときのことである。「はじめに、神が」（創世記一章）で始まった信仰生活が、いつしか「しかし、現実は」に変わる愚かさについて力説する自分がいた。信仰者に最後まで求められることは、「しかし、神が」と告白し続けることだと。収録が終わり、実際に放送を観て、それは宮村先生が語っておられたことであったと振り返った。

また、礼拝論について共観し、自著によく引用させて頂く一文がある。

「主日礼拝に一緒に集まり、同じ讃美歌を賛美し、同じ聖書のことばを味わい、主なる神をともに礼拝する、この主日礼拝を、『目に見える』驚くべき神の恵みと見抜き、恵みを無駄にしないようと応答するのです。同時に各自の持ち場・立場に散り、そこで聖書と聖霊ご自身の導きと助けにより、各自の現場に注がれている神の恵みを、世俗のただ中で見抜き、ひとり静かに心の底から、主なる神への賛美をささげるのです。そしてまた一週間のあらゆる課題や矛盾を一身に担って主日礼拝に戻るのです。……主日礼拝は、各自の生活・生涯から決して切り離せません。主日礼拝の場から、各自の持ち場・立場へ、愛の手紙・聖書をともに読み、愛の業・説教に全身で参与し続ける者として派遣されるのです。礼拝と生活の二本立てではなく、礼拝しつつの生活、生活の中の礼拝、礼拝の生活です。主の日と六日間の美しい調和の中で営み、繰り広げられる礼拝の生活、礼拝の生涯です」（『愛の業としての説教』四二～四三頁）。

「礼拝と生活の二本立て」ではなく、「礼拝の生活」です、と。既述の、「しかし、現実は」ではなく、「しかし、神は」、というように、「キャッチコピー」は宮村先生の得意技の一つである。本質を見事に凝縮し、しっかりと記憶に留まる不思議な「神学のことば」の造形美。それは説教にも、先生との個人的な対話の中にも次々と顕れる。それは先生の手から私の手に。また私の手からさらに他の方に。「神学のことば」のキャッチボール。

最後に、先生との対話の恵みのお証しを一つ加えたい。拙著『この人を見よ――ヨハネによる受難物語』（いのちのことば社、二〇一〇年）をお贈りした際に、貴重なレスポンスを頂いた。残念ながら頂戴した文面が見つけられず記憶も不確かなため、こちらから返信したものを記載しておくことにする。

「拙著についての、先生からの貴重なご提言、確かに受け取りました。『説教者は事実の証言者としての自覚を持って』（のことば）いよいよ励まされました。米国での指導では確かに『はっきりと』と訓練され、英国では、むしろ婉曲表現を期待されました。『たとえそれが事実であると確信しても、明言を避けることで、僅かな空間を残し、対話の余地を生み出し、同じ地平から、真理の方向性を〈共〉に見つめる謙遜さ』です。それは、『事実』と『自らの感想』を区別し、後者を披瀝しているというのでもなければ、自信なげに、『明言を避けたがっている』というのとも違うのです。しかし、このたび、宮村先生のご提言を読みながら、頂いた恵みの促しがありました。説教に、『聖書の事実の宣言という、さらなる厳しさ』を、という励ましです。『思う』と、文を終結するか、それとも、『です』と言い切るかという、まさに実存的な『戦い』、そういった真剣勝負に挑むべきであると。そう教えられつつ、これまでの宮村先生との対話を思い起こしました。これまで、私が拝聴してきた、宮村先生のことばは、いつも、はっきりとした言い切りの形で提示され、それはあたかも口伝で伝わった簡潔な教理のようであったと。まだまだ長い神学の道のりです。ご指導、今後ともどうぞよろしくお願い申し上げます。先生のご健康の上に、また、主が導いておられるこれからの事柄の上に、恵みと平安をお祈りさせて頂きます。在主。」

以後、説教を語る際に、「思う」を極力言わないよう心掛けるようになった。神学校の説教演習でも、学生たちには同様のことを求め、説教者の重い責任についての自覚を共有している。

このように、いつの間にか始められ、今でも続いている宮村先生との対話の交わりがある。人の存在を喜び、たとえそれが小さな切掛け（勘違い？）であろうと、そこから始まる交わりに期待し、全身で誠実に向き合い、対話を通して神の国の広がりを展望する。そのように、点と点が結ばれて線となり、線と線が面を作り、面が合わされて立体へと展開してゆく「対話の神学」のダイナミズムが、宮村武夫先生の福音宣教のわざに観られる。

（東京神学大学非常勤講師、日本同盟基督教団 小平聖書キリスト教会牧師）

『この人を見よ』(注)を見・読んでの喜びと提言 ——あとがきにかえて

[1] 序

(1) 遠藤勝信先生も同じだと嬉しいのです。先生の話や文章に共鳴するのです。心の結びつきを覚えます。誤解を恐れずに言えば、私が言いたいことを言う、まさにその直前に遠藤先生が答えられる経験さえするのです。話や文章の前に、言いたいことに、言う前に答えられている経験さえするのです。

今回もヨハネ研究のために、パウロ関係のものを視野に入れることの有効性、必要性を訴えようと考えていたところ、お送り頂いた、『この人を見よ ―― ヨハネによる受難物語』の「はじめに」の何と一行目に、Iコリント1章18節!(「十字架のことばは、滅びに至る人々には愚かであっても、救いを受ける私たちには、神の力です。」)

（2）今回も同様の経験をしました。
その一部を、［2］『この人を見よ』を見ての喜びに記しました。
その喜びからの提言の素描が、［3］『この人を見よ』を見ての提言です。

［2］『この人を見よ』を見ての喜び

（1）比較により類似性と同時に区別性を確認。
聖書のテキストを相互に比較し、その間に類似性と同時に、両者の間に存在する区別に留意して、各テキストの独自のメッセージを把握する。この単純な方法を実践してきました。同じ歩みを遠藤先生の営みに見ます。
①ヨハネと共観福音書の類似性と区別性。
②パウロとヨハネ・一三六頁、ルカとパウロ・一三七頁、ペテロとパウロ・一五一頁。

（2）「事実」、「イエスのよみがえりの事実」（一六五頁）
①［3］の関係で、事実について書きたいと考えていたら、それが通じたかのごとくに、

一三五、一三九、一四〇頁・現実一四一、一五三（3回）、一五四頁において、「事実」とのことばを、遠藤先生が著作の中で繰り返し明記。喜びに満たされて確認しました。

②特に、二つの表現に共鳴

「イエスのよみがえりの事実」（一六五頁）、参照：一三九、一四一頁、一五三頁

「イエスの行なわれたみわざをただ事実として記すだけでなく」

「そこにあるタイせつなメッセージにも目を留めながら、そこに現われている神の御旨、神の愛を丁寧に説き明かしている」

［3］『この人を見よ』を見ての提言

（1）「思います」をめぐって、他に「でしょう」、「ことでしょう」、「かもしれません」など。今回、五八頁の「現実があるように思います」を読んだ時点で、「思います」に引っかかりました。

説教者の感想や感じなど聞きたくない、聖書の事実をこそ求めている。これは、君代のハッキリした態度・姿勢で私にとり役立っています。私の確認した箇所は、以下の通りです（六六、六八、一一〇、一一六、一二二、一二五、一三二・2回、一四五、一五二・2回、一五九、一七三頁）。

本来なら用例を前後関係に意を注ぎながら検討する必要があります。時間的制約がありますので、推察として正当な用例を認めることが出来るとしても、全体としては、聖書の事実性を説教者の感想・判断で弱めてしまっています。この指摘が正しいとすれば、「思います」と徹底的に戦う必要があります。私なりに戦ってきましたし、戦っています。

（2）聖書の記述と「事実」、それに基づく説教者の表現のあり方。

木下是雄著『理科系の作文技術』（中公新書、一九八一年）。個人的にも最も大切な書の一つです。井上ひさしの新聞紙上での優れた書評を通して知る。聖書解釈の授業、卒論指導でもよく紹介。特に、7章事実と意見は、重要。

説教者は、自分の意見を述べる（思います）のではなく、聖書の事実を宣言する使命を委ねられている。両者の明確な区分・識別は、不可分。

7章では、以下の諸点を刻み込む。①事実と意見、②事実とは何か・意見とは何か、③事実の記述・意見の記述、④事実と意見の書き分け、⑤事実のもつ説得力。

⑤は、そのまま私たちの生涯の課題、つまり目指すべきは、聖書の記述の「事実」の宣言である説教者の説教の説得力。聖書の事実に基づく説教の説得力。さらに「思います」にヤスリをあて真剣。説教の刃を整えるために、6章も有効。人の良さや気の弱さとの戦いを含め。

「6章はっきり言い切る姿勢」、そこでは、以下の諸点を取り上げる。
①明言を避けたがる心理、②明確な主張のすすめ、③〈はっきり言い切る〉ための心得

[4] 集中と展開

(1)「イエスのよみがえりの事実」(一六八頁)
ヨハネの福音書の記事に基づき、その事実性を徹底的に理解し確認、的確に表現する。

(2) 展開
「その彼らの存在そのものが、神が生けるまことの神であることの証しである」(一四三頁)。

説教者と会衆の存在そのものが、「イエスのよみがえりの事実」の証しとなる、そのための生活・生涯の経過へ向けての説教。

(注) 遠藤 勝信著『この人を見よ ―― ヨハネによる受難物語』いのちのことば社(二〇一〇年)

二〇一五年四月　宮村武夫

宮村武夫先生のブログ
「喜びカタツムリの歩み」
http://d.hatena.ne.jp/kimiyom/

「喜びカタツムリの歩み」で検索してください

宮村武夫著作 全8巻（白抜き数字は既刊、価格は税別表示）

編集委員長：永田竹司、賛同人会長：廣瀬 薫

四六判・❺以外は本体 1,800 円、❺ 2,800 円

❶愛の業としての説教

（324 頁） ISBN978-4-946565-50-2　＊在庫僅少

巻頭言：赤江弘之師、エッセイ：水草修治師

❷礼拝に生きる民　説教 申命記

（256 頁） ISBN978-4-946565-51-9　＊在庫僅少

巻頭言：清水武夫師、エッセイ：細田 浩師

③コリント人への手紙　第一（300 頁）

巻頭言：市川康則師、エッセイ：朝岡 勝師

④テサロニケ人への手紙他（300 頁）

巻頭言：池永倫明師、エッセイ：関野祐二師

❺神から人へ・人から神へ　「聖書・神学」考

（368 頁）ISBN978-4-946565-54-0

巻頭言：松永好明師、エッセイ：永田竹司師

❻主よ、汝の十字架をわれ恥ずまじ　ドストエフスキーの神学的一考察

（320 頁） ISBN978-4-946565-55-7

巻頭言：新井 明師、エッセイ：大和昌平師

❼存在の喜び　宮村武夫著作の源泉・「もみの木幼児園の十年」

（336 頁）ISBN978-4-946565-56-4　＊在庫僅少

巻頭言：湊 晶子師、エッセイ：林 桂司師、鮫島 茂師

❽ヨハネに見る手紙牧会——その深さ、広さ、豊かさ

巻頭言：吉枝隆邦師、エッセイ：遠藤勝信師

（324 頁） ISBN978-4-907486-10-5

宮村武夫（みやむら・たけお）
1939 年東京都深川生まれ。開成高校時代、キリスト信仰に導かれる。
1962 年日本クリスチャン・カレッヂ卒業、1966 年 ゴードン神学院（BD）卒業。
1967 年 ハーバード大学(神学修士)卒 業､1971 年 上智大学神学部(神学修士)卒業。
1962 年～ 1970 年 日本新約教団 寄居キリスト福音教会牧師。
1970 年～ 1986 年 JECA 青梅キリスト教会牧師。
1986 年～ 2006 年 JECA 首里福音キリスト教会牧師。
現在、宇都宮キリスト集会牧師、名護チャペル協力宣教師。

主な著訳書

『愛の業としての説教　宮村武夫著作１』2009、『神から人へ・人から神へ 「聖書神学」考　宮村武夫著作５』2010、『存在の喜び　宮村武夫著作の源泉・「もみの木幼児園の十年」　宮村武夫著作７』2011、『礼拝に生きる民　説教申命記　宮村武夫著作２』2012、『主よ、汝の十字架をわれ恥ずまじ　ドストエフスキーの神学的一考察　宮村武夫著作６』2013（以上ヨベル）、『ガラテヤ人への手紙』「実用聖書注解」1995、『申命記』「新聖書講解シリーズ旧約４」1988、『ペテロの手紙第一』「新聖書講解シリーズ新約 11」1983、『コリント人への手紙　第一』『新聖書注解　新約２』1973、『テサロニケ人への手紙　第一、第二』『新聖書注解　新約３』1972（以上いのちのことば社）F. F. ブルース『ヘブル人への手紙』1978（聖書図書刊行会）他多数。

宮村武夫著作８　**ヨハネに見る手紙牧会**　その深さ、広さ、豊かさ

2015 年 5 月 29 日　初版発行

著　者―宮村武夫
発行者―宮村武夫著作刊行委員会
発行所―株式会社ヨベル YOBEL Inc.
〒 113-0033　東京都文京区本郷 4 - 1 - 1
Tel 03-3818-4851 e-mail：info@yobel. co. jp

DTP・印刷―株式会社シナノ書籍印刷株式会社

定価は表紙に表示してあります。

落丁本・乱丁本は小社宛にお送りください。送料小社負担にてお取り替えいたします。
配給元―日キ販　東京都新宿区新小川町 9-1
振替 00130-3-60976　Tel 03-3260-5670

ISBN 978-4-907486-10-5　Printed in Japan
